맛있는 스쿨 ▶ 단과 강좌 할인 쿠폰

인강
할인
이벤트

할인 코드 **hcjpn_lv1**

단과 강좌 할인 쿠폰

20% 할인

할인 쿠폰 사용 안내
1. 맛있는스쿨(cyberjrc.com)에 접속하여 [회원가입] 후 로그인을 합니다.
2. 메뉴中[쿠폰] → 하단[쿠폰 등록하기]에 쿠폰번호 입력 → [등록]을 클릭하면 쿠폰이 등록됩니다.
3. [단과] 수강 신청 후, [온라인 쿠폰 적용하기]를 클릭하여 등록된 쿠폰을 사용하세요.
4. 결제 후, [나의 강의실]에서 수강합니다.

쿠폰 사용 시 유의 사항
1. 본 쿠폰은 맛있는스쿨 단과 강좌 결제 시에만 사용이 가능합니다.
2. 본 쿠폰은 타 쿠폰과 중복 할인이 되지 않습니다.
3. 교재 환불 시 쿠폰 사용이 불가합니다.
4. 쿠폰 발급 후 60일 내로 사용이 가능합니다.
5. 본 쿠폰의 할인 코드는 1회만 사용이 가능합니다.

*쿠폰 사용 문의 : 카카오톡 채널 @맛있는스쿨

맛있는 톡 ✆ 할인 쿠폰

전화 화상
할인
이벤트

할인 고드 **jrcphone2qsj**

전화&화상 외국어 할인 쿠폰

10,000원

할인 쿠폰 사용 안내
1. 맛있는톡 전화&화상 중국어(phonejrc.com), 영어(eng.phonejrc.com)에 접속하여 [회원가입] 후 로그인을 합니다.
2. 메뉴中[쿠폰] → 하단[쿠폰 등록하기]에 쿠폰번호 입력 → [등록]을 클릭하면 쿠폰이 등록됩니다.
3. 전화&화상 외국어 수강 신청 시 [온라인 쿠폰 적용하기]를 클릭하여 등록된 쿠폰을 사용하세요.

쿠폰 사용 시 유의 사항
1. 본 쿠폰은 전화&화상 외국어 결제 시에만 사용이 가능합니다.
2. 본 쿠폰은 타 쿠폰과 중복 할인이 되지 않습니다.
3. 교재 환불 시 쿠폰 사용이 불가합니다.
4. 쿠폰 발급 후 60일 내로 사용이 가능합니다.
5. 본 쿠폰의 할인 코드는 1회만 사용이 가능합니다.

*쿠폰 사용 문의 : 카카오톡 채널 @맛있는스쿨

일본 여행×문화와 함께 배우는

NEW 맛있는 일본어

일본어

Level 1

문선희 저

맛있는 books

NEW 맛있는 일본어 Level ❶

제1판 1쇄 발행	2018년 11월 28일
제2판 1쇄 인쇄	2024년 4월 10일
제2판 2쇄 발행	2024년 9월 10일

기획	JRC 일본어연구소
저자	문선희
발행인	김효정
발행처	맛있는books
등록번호	제2006-000273호

주소	서울시 서초구 명달로 54 JRC빌딩 7층
전화	구입문의 02·567·3861 l 02·567·3837
	내용문의 02·567·3860
팩스	02·567·2471
홈페이지	www.booksJRC.com

ISBN	979-11-6148-081-7 14730
	979-11-6148-078-7 (세트)
정가	16,500원

머리말

그동안 여러 학생에게 일본어를 가르치면서 일본어 입문 교재 시리즈와 현장에서 바로 쓸 수 있는 서비스 일본어 교재들을 만들어 왔습니다. 이번에는 기존 교재와 달리 새로운 콘셉트로 일본어 입문자가 더 쉽게 접할 수 있는 테마가 무엇인지 생각해 보았습니다. 고민 끝에 체계적인 문법 학습과 반복 말하기 연습으로 익히는 핵심 문장, 그리고 일본 여행과 일본 문화를 가미해서 재미있게 학습할 수 있도록 구성해 보았습니다.

『NEW맛있는 일본어』회화 시리즈는 한 권 속에 일본어(학습), 여행(체험), 문화(흥미)를 결합한 신개념 일본어 교재입니다. 이 세 가지 요소가 가져오는 상호 작용으로 초급 단계도 효과적인 일본어 학습을 기대할 수 있습니다. 또 여행에 관련해서는 일본 지리에 대한 감각도 키울 수 있고, 일본 문화에 관련해서는 실제 일본에 가서 접할 수 있는 내용 중심으로 다루었기 때문에 일본어 학습은 물론 일본 여행, 문화에 관심이 있는 학습자들의 호기심을 계속해서 충족시킬 수 있습니다.

교재의 특징을 간단히 설명하자면, 워밍업에서는 과의 테마 여행지에 관련된 소개를 지리 정보와 함께 제시하고, 「맛있는 회화」에서는 테마 여행지에 관련된 상황 설정으로 회화문을 준비했습니다. 회화는 학습자가 쉽게 반복 말하기 연습을 할 수 있도록 대화문을 두 개씩 제시하였습니다.

「맛있는 문법」에서 기초를 다진 다음, 「맛있는 문장 연습」에서 핵심 문장을 따라 말하면서 연습합니다. 표현에 익숙해지면 「맛있는 응용 연습」에서는 배운 내용을 새로운 단어와 함께 교체 연습하고, 「맛있는 회화 연습」에서는 안내, 이벤트, 전단지 등을 소재로 연습할 수 있습니다. 「맛있는 독해 연습」에서도 역시 실물을 바탕으로 한 내용으로 일본어능력시험(JLPT) 독해의 정보 검색 문제를 준비할 수 있습니다. 마지막으로 「여행 칼럼」을 통해 일본 여행과 문화에 대한 정보를 생생한 사진 자료와 함께 접할 수 있도록 구성하였습니다.

끝으로 좋은 교재를 만들어 내기 위해 수고해 주신 맛있는북스 김효정 대표님과 출판 관계자 분들, 그리고 항상 제 강의의 원동력이 되어 주고 있는 사랑하는 가족과 학생들에게 진심으로 감사의 마음을 전하고 싶습니다.

저자 윤선희

QR코드를 스캔하여
직접 음성 녹음을 들어 보세요.

워밍업

과의 여행지를 일본 지도로 파악하고, 학습 내용과 여행, 문화 내용을 미리 확인할 수 있습니다.

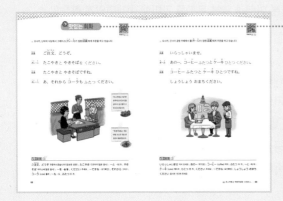

맛있는 회화

테마 여행지에 관련된 짤막한 회화 두 개를 여행, 문화 팁과 함께 준비하였습니다. 회화에는 학습 내용뿐만 아니라 여행 단어도 자연스럽게 녹아 있습니다.

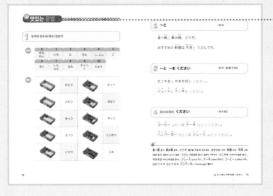

맛있는 문법

맛있는 회화에 등장한 문장을 비롯한 다양한 예문을 통해 문법과 표현을 쉽게 익힐 수 있습니다.

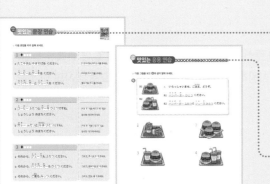

맛있는 문장 연습

과에서 배운 내용으로 만들어진 핵심 문장을 음성을 들으면서 따라 말하기 연습을 할 수 있습니다.

맛있는 응용 연습

학습 내용을 활용한 교체 연습입니다. 이해를 돕기 위한 일러스트와 함께 쉽게 연습할 수 있습니다.

4

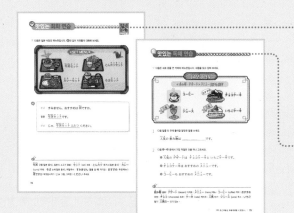

맛있는 회화 연습

실제 상황에서도 일본어를 쓸 수 있도록 실물에 가까운 내용을 보면서 자유 회화를 연습할 수 있습니다.

맛있는 독해 연습

일본어능력시험(JLPT) 독해의 정보 검색 문제를 염두에 둔 내용을 읽고 답하는 독해 연습입니다.

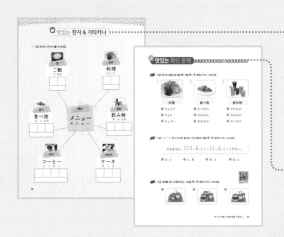

맛있는 한자 & 가타카나

과마다 테마에 연관되는 한자, 가타카나 어휘가 마인드맵처럼 모여 있어 효과적으로 어휘를 배울 수 있습니다.

맛있는 확인 문제

배운 내용을 어휘(한자 읽기), 문법, 청취로 나눠서 점검하는 문제입니다.

눈으로 맘껏 즐기는 일본 여행 & 문화

테마 여행지의 소개와 일본 문화를 풍부한 사진과 함께 눈으로 즐기면서 배울 수 있습니다.

권말 부록

맛있는 회화 해석 외 맛있는 독해 연습 정답, 맛있는 확인 문제 정답과 청취 스크립트, 그리고 별책 워크북의 작문 연습 정답을 실었습니다.

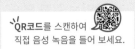
QR코드를 스캔하여
직접 음성 녹음을 들어 보세요.

|워크북|

1~2과 / 문자 쓰기 연습

문자를 쓰는 시작과 끝을 시각화하여 감각적으로 필순을 익힐 수 있도록 하였습니다. 또 히라가나, 가타카나의 모양을 비교하면서 쓰기 연습을 할 수 있습니다.

3~12과 / 맛있는 문장 연습

본책에서 연습한 문장을 반복 연습하여 마무리하는 페이지입니다. 음성에 따라 계속 말하기 연습을 하면, 어느새 말이 트이고 표현 암기가 됩니다.

맛있는 작문 연습

과에서 배운 핵심 문장을 활용한 작문 연습입니다. 사전처럼 쓸 수 있는 Hint가 있어서 부담 없이 작문 연습을 할 수 있고, 배운 내용을 다시 점검할 수 있습니다.

|무료 MP3|

일본어 원어민 녹음으로 자연스러운 일본어 발음과 함께 핵심 문상, 회화 등을 따라 밀하면서 연습할 수 있습니다.

맛있는북스 홈페이지에서 MP3 파일을 다운로드할 수 있어요.

일러두기

① 본책에서는 일본어 문자 학습의 부담을 줄이기 위해 1~2과는 히라가나에 중점을 두고, 가타카나는 단어 단위로 가볍게 배울 수 있도록 제시하였습니다.

② 단, 가타카나는 별책 워크북에서 낱자 단위의 쓰기 연습을 충분히 할 수 있도록 구성하였습니다.

③ 일본 여행에 도움이 되도록 지명은 처음부터 한자로 표기하되 도(都), 후(府), 겐(県), 시(市) 표기는 생략하였습니다.

④ 일본어를 한글로 표기할 경우에는 외래어표기법에 따라 표기를 하였으나 「つ」는 예외적으로 '츠'로 표기하였습니다.

⑤ 외래어의 경우, 일본어 다음에 그 원어가 되는 언어를 같이 표기하였습니다.

⑥ 초급 단계부터 효과적으로 일본어를 학습할 수 있도록 학습 한자의 개수를 제한하였습니다.

⑦ 초급 단계부터 효과적으로 일본어를 학습할 수 있도록 일본어 표기에는 띄어쓰기를 하였습니다.

⑧ 초급 단계부터 효과적으로 일본어를 학습할 수 있도록 어휘, 표현과 학습 내용을 반복해서 연습할 수 있게끔 구성하였습니다.

⑨ 초급 단계부터 일본인과 회화를 할 수 있도록 단어는 정중한 표현을 선택하였습니다.

⑩ 일본 여행 때 일본인과 회화를 즐길 수 있도록 여행에서 자주 쓰이는 표현은 초급 단계부터 제시하였습니다.

⑪ 「맛있는 회화」에는 그 과의 학습 문법과 표현에 색을 넣어 표시하였습니다.

⑫ 음원은 초급 학습자가 자율적으로 말하기 연습을 할 수 있도록 보통 속도보다 약간 느린 속도로 녹음되어 있습니다.

기호 설명

な형	な(나) 형용사	동1	1그룹 동사
い형	い(이) 형용사	동2	2그룹 동사
		동3	3그룹 동사

차례

학습 구성표

これは 東京の おみやげです。

이것은 도쿄 여행 선물입니다.

04

55쪽

학습 목표 지시대명사와 조사를 활용해서 사물에 대한 설명을 할 수 있다.

학습 내용	**여행, 문화**
1 사물을 가리키는 지시대명사 2 の의 쓰임 3 ～も ~도	1 간토, 도쿄, 갓파바시 2 일본 식사 예절(젓가락만 사용, 젓가락 위치, 　밥그릇과 국 위치, 먹는 방법)

たこやきと やきそばを ください。

다코야키와 야키소바를 주세요.

05

67쪽

학습 목표 일본 고유 숫자와 관련된 표현을 활용해서 주문을 할 수 있다.

학습 내용	**여행, 문화**
1 숫자와 조수사(개수) 맛보기 2 ～と ~와/과 3 ～と ～を ください ~와/과 ~을/를 주세요 4 조수사(개수) ください ~개 주세요	1 간사이, 오사카, 도톤보리 2 간토와 간사이의 지역 차이(악센트와 어휘, 　우동 국물의 간, 에스컬레이터에서 서는 위치)

温泉は どこに ありますか。

온천은 어디에 있습니까?

학습 목표 지시대명사와 존재 표현을 활용해서 위치에 대한 설명을 할 수 있다.

06

79쪽

학습 내용	**여행, 문화**
1 장소나 방향을 가리키는 지시대명사 2 います(あります) 있습니다 3 위치 명사①　　4 위치 명사② 5 ～の ～に います(あります) 　~(의) ~에 있습니다 6 ～階 ~층	1 간사이, 효고, 아리마온천 2 일본 전통방, 와시츠(다다미, 쇼지, 도코노마)

13

등장인물 소개

김세영
きむ せよん
キム・セヨン

한국인, 대학생, 20세
원래는 한국대학교 심리학과 학생인데, 일본 문화와 여행에 관심이 많아서 현재 일본 도쿄에 있는 K대학에 유학하고 있다. 대학의 여행 동아리에서 사토시와 함께 활동 중이다.

다나카 사토시
た なか
田中さとし

일본인, 대학생, 21세
일본 K대학 재학생이다. 유학생과 교류하는 프로그램을 통해 세영이를 알게 된다. 후쿠오카 출신이고 대학의 여행 동아리 회원이다.

이승준
い すんじゅん
イ・スンジュン

한국인, 직장인, 26세
도쿄에 있는 회사에 취업한 직장인이다. 요리와 커피에 관심이 많고, 리나와 같은 직장인 여행 동아리에서 일본 여행을 즐기고 있다.

아오야마 리나
あおやま
青山りな

일본인, 직장인, 27세
승준이와 같은 회사의 부서 직원이다. 도쿄 출신으로 여행과 사진이 취미이다. 승준이와 같은 직장인 여행 동아리에서 활동하면서 폴을 알게 된다.

그레이스 켈리
ぐ れ す け り
グレース・ケリー

프랑스인, 의사, 47세
도쿄에서 일본어를 배우는 프랑스인 의사이다. 주변 사람 추천으로 직장인 여행 동아리에 가입하게 되는데, 거기서 승준이를 만나게 된다.

폴 뉴먼
ぽ る にゅ まん
ポール・ニューマン

영국인, 직장인, 33세
도쿄에 있는 회사에 취업한 직장인이다. 휴일에 일본 국내 여행을 즐기는 와중에 직장인 여행 동아리를 알게 돼서 가입하게 된다. 같은 동아리에서 리나와 친구가 된다.

01

にほん？ にほんご？

일본? 일본어?

일본이라면 이 음식!

초밥 すし

초밥(すし)은 식초를 넣고 섞은 밥에 생선회나 조개 등을
올려서 먹는 일본 전통 요리입니다. 원래는 축하할 일이 있을
때 먹는 고급 음식이었다고 합니다.

이번 과의 포인트는?

Study

일본과 일본어에 대해
이해하고 기본 문자인
히라가나를 익힐 수 있
습니다.

Travel

일본 열도의 주요 섬과
수도, 기후에 대해 이해
할 수 있습니다.

Plus

일상생활에서 쓸 수 있
는 인사말을 익힐 수 있
습니다.

일본, 일본어,
무엇을 알고 있을까요?

✽ 여러분이 알고 있는 일본, 일본어, 일본 문화에 대해 자유롭게 이야기해 보세요.

TV에서 많이 보던
여긴 어딜까?

이건 먹어 본 적이
있는데, 이름은……?

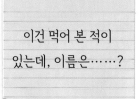

일본어 문자에는
한자, 그리고……?

16

이건 온천?

아니면……?

일본어는 가로쓰기?

세로쓰기?

医薬品をご購入されたお客様

使用上の注意、用法、用量を
よく確認してご使用下さい。

ディスカウント ドラッグ コスモス

ひゃモモ
の
季
節
が
到
来。

氷
を
浮
か
べ
て
冷
や
し
て
飲
ん
で
下
さ

あっ旨い

이곳도

일본이라고?

① 일본은 바로 이런 곳!

1 일본 열도

일본은 북쪽에서 홋카이도(北海道), 혼슈(本州), 시코쿠(四国), 규슈(九州)라는 4개의 섬을 중심으로 약 6천 개의 섬으로 이루어져 있는 섬나라입니다.

2 일본 기후

바다로 둘러싸인 일본은 해류 영향을 받아서 사계절이 뚜렷합니다. 매년 6~7월에는 장마가 찾아오고, 여름은 습도가 높고 덥습니다. 단, 가장 북쪽에 있는 홋카이도에는 장마가 없습니다.

3 일본 행정 지역

일본 행정 지역은 도도후켄(都道府県)이라고 불리고 도쿄도(東京都), 홋카이도(北海道), 교토후(京都府), 오사카후(大阪府), 그리고 43개의 겐(県)을 포함한 총 47개의 지역으로 구성됩니다. 홋카이도(北海道)를 제외한 지역은 도쿄(東京), 오사카(大阪)처럼 줄여서 말하기도 합니다. 또 도쿄(東京)를 중심으로 한 지역을 '간토(関東)', 오사카(大阪)를 중심으로 한 지역을 '간사이(関西)'라고 부릅니다.

면적	약 37만 8,000㎢
인구	약 1억 2,263만 명
수도	도쿄(Tokyo)
언어	일본어
통화	엔(¥, JPY)

홋카이도
(北海道)

혼슈
(本州)

규슈
(九州)

시코쿠
(四国)

오키나와
(沖縄)

② 일본어는 바로 이런 말!

1 일본어 문자

일본어 문자는 크게 한자인 '간지(漢字)', 그리고 '히라가나(ひらがな)', '가타카나(カタカナ)', 이세 가지를 씁니다. 한자는 우리말과 달리 약자(略字)를 쓰고, 가타카나는 주로 외래어나 의성어, 의태어에 쓰입니다.

간지(한자)	히라가나	가타카나
日本語	にほんご	ニホンゴ

2 일본어 구조

일본어 구조는 우리말과 거의 비슷합니다. 예를 들어, '저는 한국인입니다.'라는 문장은 어순이 우리말과 같고 조사를 쓰는 것도 비슷합니다. 또 일본어는 쉼표는 「、」를 쓰고, 마침표는 「。」를 씁니다.

저	는	한국인	입니다.
わたし	は	韓国人	です。

3 일본인의 이름

일본인의 이름은 우리나라와 같이 '성→이름' 순입니다. 예를 들어 「田中さとし(다나카 사토시)」는 「田中(다나카)」가 성이고, 「さとし(사토시)」가 이름입니다. 이름을 부를 때는 보통 「田中さん(다나카 씨)」처럼 성으로 부르고, 아주 친근한 사이에서는 이름으로 부릅니다.

히라가나

행 \ 단	あ단 [a]	い단 [i]	う단 [u]	え단 [e]	お단 [o]
あ행 [a]	あ [a]	い [i]	う [u]	え [e]	お [o]
か행 [ka]	か [ka]	き [ki]	く [ku]	け [ke]	こ [ko]
さ행 [sa]	さ [sa]	し [shi]	す [su]	せ [se]	そ [so]
た행 [ta]	た [ta]	ち [chi]	つ [tsu]	て [te]	と [to]
な행 [na]	な [na]	に [ni]	ぬ [nu]	ね [ne]	の [no]
は행 [ha]	は [ha]	ひ [hi]	ふ [fu]	へ [he]	ほ [ho]
ま행 [ma]	ま [ma]	み [mi]	む [mu]	め [me]	も [mo]
や행 [ya]	や [ya]		ゆ [yu]		よ [yo]
ら행 [ra]	ら [ra]	り [ri]	る [ru]	れ [re]	ろ [ro]
わ행, ん [wa] [N]	わ [wa]	を [o]			ん [N]

가타카나

단 행	ア단 [a]	イ단 [i]	ウ단 [u]	エ단 [e]	オ단 [o]
ア행 [a]	ア [a]	イ [i]	ウ [u]	エ [e]	オ [o]
カ행 [ka]	カ [ka]	キ [ki]	ク [ku]	ケ [ke]	コ [ko]
サ행 [sa]	サ [sa]	シ [shi]	ス [su]	セ [se]	ソ [so]
タ행 [ta]	タ [ta]	チ [chi]	ツ [tsu]	テ [te]	ト [to]
ナ행 [na]	ナ [na]	ニ [ni]	ヌ [nu]	ネ [ne]	ノ [no]
ハ행 [ha]	ハ [ha]	ヒ [hi]	フ [fu]	ヘ [he]	ホ [ho]
マ행 [ma]	マ [ma]	ミ [mi]	ム [mu]	メ [me]	モ [mo]
ヤ행 [ya]	ヤ [ya]		ユ [yu]		ヨ [yo]
ラ행 [ra]	ラ [ra]	リ [ri]	ル [ru]	レ [re]	ロ [ro]
ワ행, ン [wa] [N]	ワ [wa]	ヲ [o]			ン [N]

❹ 청음

あ행

TRACK 01-03

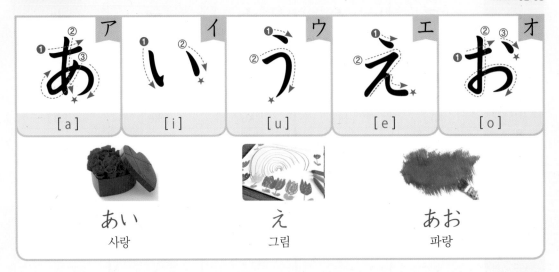

あ [a]　い [i]　う [u]　え [e]　お [o]

あい
사랑

え
그림

あお
파랑

か행

TRACK 01-04

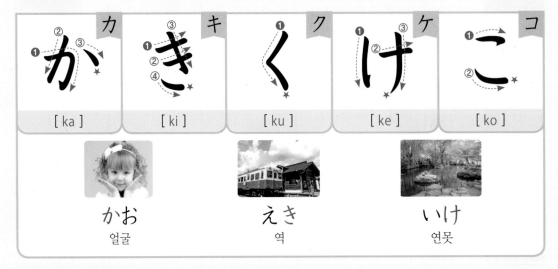

か [ka]　き [ki]　く [ku]　け [ke]　こ [ko]

かお
얼굴

えき
역

いけ
연못

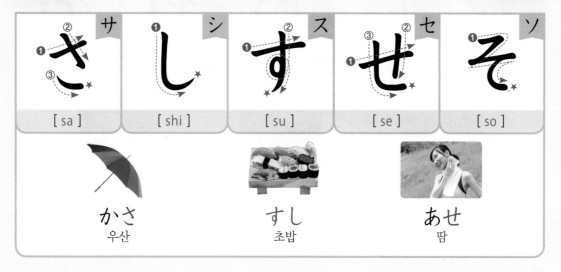

さ サ	し シ	す ス	せ セ	そ ソ
[sa]	[shi]	[su]	[se]	[so]

かさ
우산

すし
초밥

あせ
땀

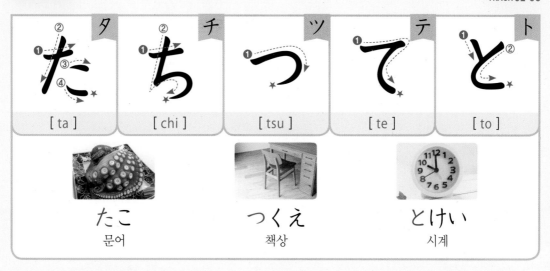

た タ	ち チ	つ ツ	て テ	と ト
[ta]	[chi]	[tsu]	[te]	[to]

たこ
문어

つくえ
책상

とけい
시계

TRACK 01-07

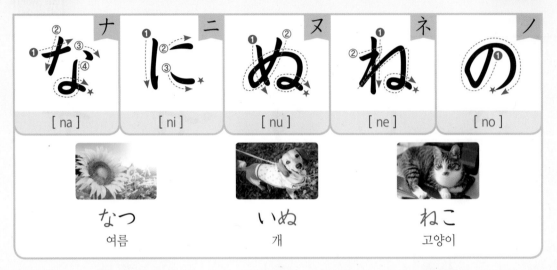

な	に	ぬ	ね	の
[na]	[ni]	[nu]	[ne]	[no]

なつ
여름

いぬ
개

ねこ
고양이

は행

TRACK 01-08

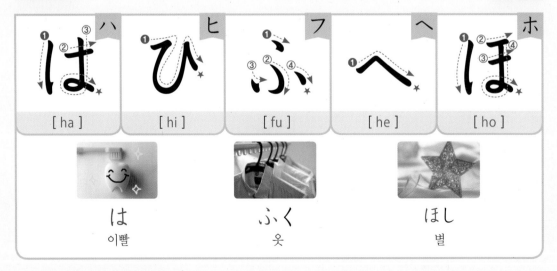

は	ひ	ふ	へ	ほ
[ha]	[hi]	[fu]	[he]	[ho]

は
이빨

ふく
옷

ほし
별

ま행

TRACK 01-09

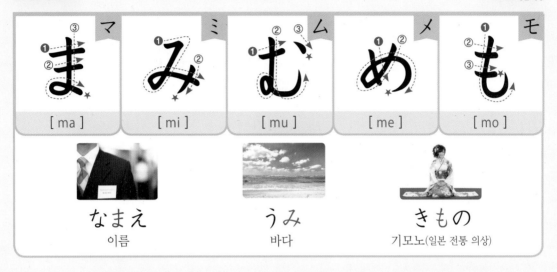

マ	ミ	ム	メ	モ
ま	**み**	**む**	**め**	**も**
[ma]	[mi]	[mu]	[me]	[mo]

なまえ
이름

うみ
바다

きもの
기모노(일본 전통 의상)

 や행

TRACK 01-10

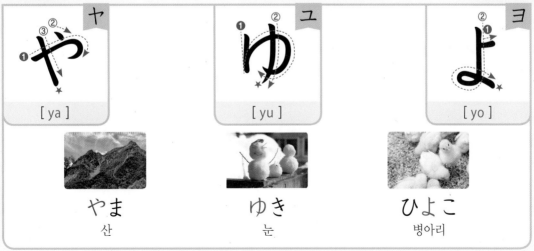

ヤ	ユ	ヨ
や	**ゆ**	**よ**
[ya]	[yu]	[yo]

やま
산

ゆき
눈

ひよこ
병아리

TRACK 01-11

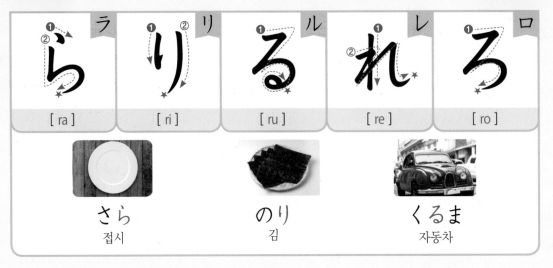

ラ	リ	ル	レ	ロ
ら	り	る	れ	ろ
[ra]	[ri]	[ru]	[re]	[ro]

さら
접시

のり
김

くるま
자동차

TRACK 01-12

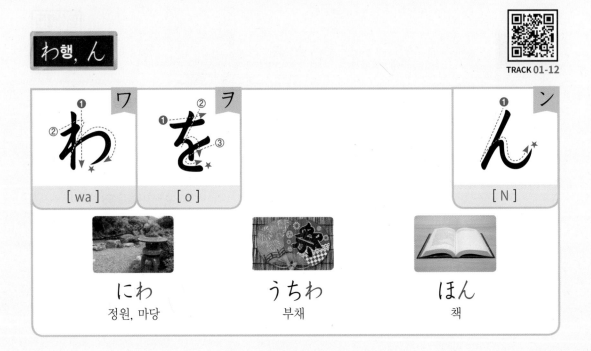

ワ	ヲ		ン
わ	を		ん
[wa]	[o]		[N]

にわ
정원, 마당

うちわ
부채

ほん
책

'히라가나'로 써 보는
맛있는 여행 단어

✱ 다음 여행 관련 단어를 읽고 빈칸에 써 보세요.

1	**みせ** 가게			
2	**えき** 역			
3	**よやく** 예약			
4	**にんき** 인기			
5	**きもの** 기모노(일본 전통 의상)			
6	**ひこうき** 비행기			
7	**かいもの** 쇼핑			
8	**おんせん** 온천			

1. 아침에 인사를 할 때

おはようございます。

안녕하세요.

2. 낮에 인사를 할 때

こんにちは。

안녕하세요.

3. 저녁, 밤에 인사를 할 때

こんばんは。

안녕하세요.

4. 선생님이나 윗사람과 헤어질 때

しつれいします。

실례하겠습니다.

5. 친구와 헤어질 때

またね。

또 봐.

02

にほんごを もっと しろう。
일본어를 좀 더 알자.

일본이라면 이 음식!

시코쿠

우동 うどん

일본에서 우동은 누구나 좋아하는 대중적인 음식 중 하나입니다. 특히 시코쿠(四国), 가가와(香川)의 사누키우동(讃岐うどん)은 면이 아주 쫄깃해서 전국적으로 유명합니다.

이번 과의 포인트는?

Study

히라가나를 활용한 일본어 특수 발음을 익힐 수 있습니다.

Travel

여행 관련 단어를 더 익힐 수 있습니다.

Plus

일상생활에서 쓸 수 있는 인사말을 익힐 수 있습니다.

① 탁음과 반탁음

	あ단 [a]	い단 [i]	う단 [u]	え단 [e]	お단 [o]
が행 [ga]	が ガ [ga]	ぎ ギ [gi]	ぐ グ [gu]	げ ゲ [ge]	ご ゴ [go]
ざ행 [za]	ざ ザ [za]	じ ジ [ji]	ず ズ [zu]	ぜ ゼ [ze]	ぞ ゾ [zo]
だ행 [da]	だ ダ [da]	ぢ ヂ [ji]	づ ヅ [zu]	で デ [de]	ど ド [do]
ば행 [ba]	ば バ [ba]	び ビ [bi]	ぶ ブ [bu]	べ ベ [be]	ぼ ボ [bo]

	あ단 [a]	い단 [i]	う단 [u]	え단 [e]	お단 [o]
ぱ행 [pa]	ぱ パ [pa]	ぴ ピ [pi]	ぷ プ [pu]	ぺ ペ [pe]	ぽ ポ [po]

が행

TRACK 02-03

が ガ	ぎ ギ	ぐ グ	げ ゲ	ご ゴ
[ga]	[gi]	[gu]	[ge]	[go]

おにぎり
주먹밥

おみやげ
여행 선물

ごはん
밥

ざ행

TRACK 02-04

ざ ザ	じ ジ	ず ズ	ぜ ゼ	ぞ ゾ
[za]	[ji]	[zu]	[ze]	[zo]

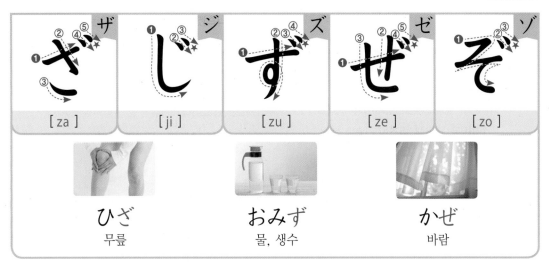

ひざ
무릎

おみず
물, 생수

かぜ
바람

だ ダ	ぢ ヂ	づ ツ	で デ	ど ド
[da]	[ji]	[zu]	[de]	[do]

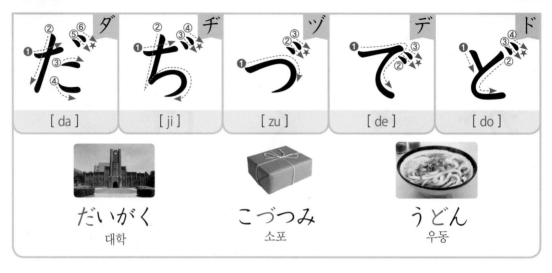

だいがく
대학

こづつみ
소포

うどん
우동

ば행

TRACK 02-06

ば バ	び ビ	ふ ブ	べ ベ	ぼ ボ
[ba]	[bi]	[bu]	[be]	[bo]

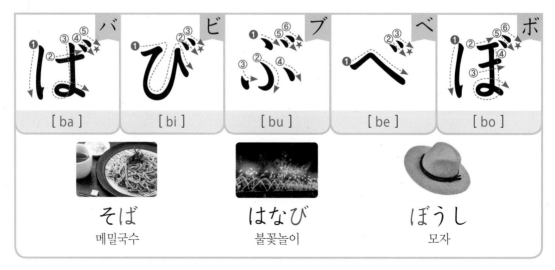

そば
메밀국수

はなび
불꽃놀이

ぼうし
모자

ぱ행

TRACK 02-07

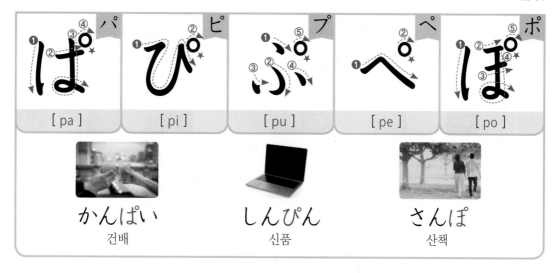

ぱ パ	ぴ ピ	ぷ プ	ぺ ペ	ぽ ポ
[pa]	[pi]	[pu]	[pe]	[po]

かんぱい
건배

しんぴん
신품

さんぽ
산책

잠깐 TIP

탁음은 か·さ·た·は행 글자의 오른쪽 상단에 탁점(「゛」)을 찍고, 반탁음은 は행 글자의 오른쪽 상단에 동그라미 모양의 반탁점(「゜」)을 찍으면 됩니다.

2 요음

TRACK 02-08

	キャ きゃ	キュ きゅ	キョ きょ
きゃ행	[kya]	[kyu]	[kyo]
	ギャ ぎゃ	ギュ ぎゅ	ギョ ぎょ
ぎゃ행	[gya]	[gyu]	[gyo]

おきゃく	고객, 손님
きょり	거리
にんぎょう	인형

	シャ しゃ	シュ しゅ	ショ しょ
しゃ행	[sha]	[shu]	[sho]
	ジャ じゃ	ジュ じゅ	ジョ じょ
じゃ행	[ja]	[ju]	[jo]

いしゃ	의사
しょくじ	식사
かのじょ	그녀, 여자친구

	チャ ちゃ	チュ ちゅ	チョ ちょ
ちゃ행	[cha]	[chu]	[cho]
	ニャ にゃ	ニュ にゅ	ニョ にょ
にゃ행	[nya]	[nyu]	[nyo]

おちゃ	차
こんにゃく	곤약

	ヒャ ひゃ	ヒュ ひゅ	ヒョ ひょ
ひゃ행	[hya]	[hyu]	[hyo]
	ビャ びゃ	ビュ びゅ	ビョ びょ
びゃ행	[bya]	[byu]	[byo]

ひゃく	백(100)
びょういん	병원

ぴゃ行	ピャ ぴゃ [pya]	ピュ ぴゅ [pyu]	ピョ ぴょ [pyo]
みゃ行	ミャ みゃ [mya]	ミュ みゅ [myu]	ミョ みょ [myo]

はっぴゃく	팔백(800)
ぴょこぴょこ	아장아장, 깡충깡충
みょうじ	성씨, 성

りゃ行	リャ りゃ [rya]	リュ りゅ [ryu]	リョ りょ [ryo]

りゅうがく	유학
りょうり	요리
りょこう	여행

잠깐! TIP

요음은 「き・ぎ・し・じ・ち・に・ひ・び・ぴ・み・り」의 글자
오른쪽 하단에 「や・ゆ・よ」를 작게 붙여 씁니다.

❸ 촉음

TRACK 02-09

「つ」를 작게 「っ」라고 표기하며 뒤에 오는 글자에 따라 발음이 다음과 같이 달라집니다.

1️⃣ 「っ」 + か행 ···▶ [k]음 (ㄱ받침)

예 いっかい 한 번
[ikkai]

こっき 국기
[kokki]

2️⃣ 「っ」 + さ행 ···▶ [s]음 (ㅅ받침)

예 いらっしゃいませ 어서 오세요
[irasshaimase]

ざっし 잡지
[zasshi]

3️⃣ 「っ」 + た행 ···▶ [t]음 (ㅅ받침)

예 ねったい 열대
[nettai]

なっとう 낫토(일본 음식)
[nattou]

4️⃣ 「っ」 + ぱ행 ···▶ [p]음 (ㅂ받침)

예 しゅっぱつ 출발
[shuppatsu]

きっぷ 표
[kippu]

「ん」뒤에 오는 첫 글자에 따라 발음이 다음과 같이 달라집니다.

1 「ん」 + ま행·ば행·ぱ행 ⋯▶ [m]음 (ㅁ받침)

- 例 あんま 안마
  [amma]

  てんぷら 튀김
  [tempura]

  ぜんぶ 전부
  [zembu]

  さんぽ 산책
  [sampo]

2 「ん」 + さ행·ざ행·た행·だ행·な행·ら행 ⋯▶ [n]음 (ㄴ받침)

- 例 でんしゃ 전철
  [densha]

  うんどう 운동
  [undou]

  べんとう 도시락
  [bentou]

  あんない 안내
  [annai]

3 「ん」 + か행·が행 ⋯▶ [ŋ]음 (ㅇ받침)

- 例 かんこく 한국
  [kaŋkoku]

  たんご 단어
  [taŋgo]

4 「ん」 + あ행·は행·や행·わ행, 어말에 올 때 ⋯▶ [N]음 (ㄴ과 ㅇ의 중간음)

- 例 ほんや 서점
  [hoNya]

  にほん 일본
  [nihoN]

5 장음

TRACK 02-11

같은 모음이 연속으로 나오는 경우, 다음과 같이 앞의 글자를 두 박자로 길게 늘여 발음합니다.

1 あ단의 글자 + 「あ」 ···▶ あ단의 글자를 길게 발음

예 おかあさん 어머니　　　　　おばあさん 할머니
[oka:saN]　　　　　　　　[oba:saN]

2 い단의 글자 + 「い」 ···▶ い단의 글자를 길게 발음

예 おにいさん 형, 오빠　　　　おじいさん 할아버지
[oni:saN]　　　　　　　　[oji:saN]

3 う단의 글자 + 「う」 ···▶ う단의 글자를 길게 발음

예 くうこう 공항　　　　　　ゆうき 용기
[ku:ko:]　　　　　　　　[yu:ki]

4 え단의 글자 + 「い」,「え」 ···▶ え단의 글자를 길게 발음

예 よてい 예정　　　　　　　おねえさん 누나, 언니
[yote:]　　　　　　　　　[one:saN]

5 お단의 글자 + 「う」,「お」 ···▶ お단의 글자를 길게 발음

예 こうえん 공원　　　　　　おおい 많다
[ko:eN]　　　　　　　　[o:i]

6 요음 + 「う」 ···▶ 요음의 글자를 길게 발음

예 きょう 오늘　　　　　　　ぎゅうどん 규동(일본 음식)
[kyo:]　　　　　　　　　[gyu:doN]

맛있는 여행 단어

TRACK 02-12

✽ 다음 여행 관련 단어를 읽고 빈칸에 써 보세요.

1	ちず 지도			
2	そば 소바, 메밀국수			
3	きっぷ 표			
4	りょうり 요리			
5	しゃしん 사진			
6	でんしゃ 전철			
7	おみやげ 여행 선물			
8	りょこう 여행			

맛있는 가타카나 단어

✱ 다음 여행 관련 단어를 읽어 보세요.

1 메뉴
_{め に ゅ}
メニュー

2 커피
_{こ ひ}
コーヒー

3 케이크
_{け き}
ケーキ

4 콜라
_{こ ら}
コーラ

5 라면
_{ら め ん}
ラーメン

6 영수증
_{れ し と}
レシート

7

화장실
といれ
トイレ

8

편의점
こんびに
コンビニ

9

호텔
ほてる
ホテル

10

여권
ぱすぽーと
パスポート

11

버스
ばす
バス

12

택시
たくし
タクシー

1. 점원을 부를 때, 길을 물어볼 때

すみません。　　　　　　저기요.

2. 자리를 양보할 때(권유, 허가)

どうぞ。　　　　　　앉으세요.

3. 자리를 양보 받았을 때(감사)

ありがとうございます。　　　고마워요.

4. 음식을 먹기 전에

いただきます。　　　　　잘 먹겠습니다.

5. 음식을 먹고 나서

ごちそうさまでした。　　　잘 먹었습니다.

03

はじめまして。イ・スンジュンです。
처음 뵙겠습니다. 이승준입니다.

이번 과의 여행지는?

간토

도쿄, 요요기 東京, 代々木

도쿄는 일본 수도이자 일본 정치, 경제, 문화의 중심입니다. 이번 과에 나오는 요요기는 젊은이의 거리인 하라주쿠와 고층 빌딩이 늘어선 신주쿠 사이에 위치합니다.

이번 과의 포인트는?

Study

인칭대명사와 명사문을 활용해서 자기소개를 할 수 있습니다.

Travel

도쿄, 요요기공원의 매력에 대해 알 수 있습니다.

Culture

일본인이 사랑하는 벚꽃 축제에 대해 알 수 있습니다.

TRACK 03-01

※ 도쿄 K대학 내 카페에서 세영(セヨン)이 사토시(さとし)와 첫인사를 나누고 있습니다.

さとし　はじめまして。わたしは　田中さとしです。

セヨン　はじめまして。キム・セヨンです。

さとし　キムさん、専攻は　日本語ですか。

セヨン　いいえ、日本語じゃ　ありません。心理学です。

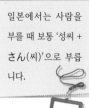

일본에서는 사람을 부를 때 보통 '성씨 + さん(씨)'으로 부릅니다.

낱말과 표현

はじめまして 처음 뵙겠습니다 | わたし 저, 나 | ~は ~는/은 | ~です ~입니다 | ~さん ~씨 | 専攻 전공 | 日本語 일본어 | ~ですか ~입니까? | いいえ 아니요 | ~じゃ ありません ~이/가 아닙니다 | 心理学 심리학

44

※ 도쿄, 요요기공원에서 승준(スンジュン)이 직장인 동아리 사람들 앞에서 자기소개를 하고 있습니다.

りな　　　イさん、じこしょうかいを おねがいします。

スンジュン　　はじめまして。イ・スンジュンです。

　　　　わたしは 韓国人で、会社員です。

　　　　どうぞ よろしく おねがいします。

낱말과 표현

~さん ~씨 | じこしょうかい 자기소개 | ~を ~을/를 | おねがいします 부탁합니다 | はじめまして 처음 뵙겠습니다 | ~です ~입니다 | わたし 저, 나 | ~は ~은/는 | 韓国人 한국인 | ~で ~(이)고 | 会社員 회사원 | どうぞ よろしく おねがいします 잘 부탁합니다(첫인사 표현)

맛있는 문법

1 인칭대명사

저,나	당신,너	그	그녀	누구
わたし	あなた, きみ	かれ	かのじょ	だれ

2 〜は 〜です   ~은/는 ~입니다

    〜は 〜じゃ ありません   ~은/는 ~이/가 아닙니다

・わたしは 田中^{た なか}さとしです。

・かのじょは 医者^{い しゃ}です。

・専攻^{せんこう}は 日本語^{に ほん ご}じゃ ありません。

・イ^いさんは 軍人^{ぐんじん}じゃ ありません。

☑ Check   [유사 표현] 〜じゃ ないです

医者^{い しゃ} 의사 | 専攻^{せんこう} 전공 | 日本語^{に ほん ご} 일본어 | 〜さん ~씨 | 軍人^{ぐんじん} 군인

③ 〜は 〜ですか

~은/는 ~입니까?

・キムさんは 学生ですか。

→ はい、学生です。

→ いいえ、学生じゃ ありません。

잠깐! TIP

〜は 何ですか。 ~은/는 무엇입니까?

★ お名前は 何ですか。 성함은 무엇입니까?

★ 専攻は 何ですか。 전공은 무엇입니까?

우리말로 해석할 경우, '~이/가'로 해석하는 게 자연스러울 때가 있습니다.

④ 〜で

~(이)고

・わたしは 韓国人で、会社員です。

・青山さんは 日本人で、グレースさんは フランス人です。

・田中さんは 大学生で、専攻は 心理学です。

学生 학생 | はい 네 | いいえ 아니요 | 韓国人 한국인 | 会社員 회사원 | 日本人 일본인 | フランス人 (France) 프랑스인 | 大学生 대학생 | 専攻 전공 | 心理学 심리학

맛있는 문장 연습

TRACK 03-03

▽ 다음 문장을 따라 말해 보세요.

---

1 🎤 ■ ■ ■

a はじめまして。

わたしは キム・セヨンです。

b わたしは 青山です。

どうぞ よろしく おねがいします。

처음 뵙겠습니다.

저는 김세영입니다.

저는 아오야마입니다.

잘 부탁합니다.

---

2 🎤 ■ ■ ■

a キムさんは 学生ですか。

→ はい、わたしは 学生です。

→ いいえ、わたしは 学生じゃ ありません。

会社員です。

김 씨는 학생입니까?

→ 네, 저는 학생입니다.

→ 아니요, 저는 학생이 아닙니다.

회사원입니다.

---

3 🎤 ■ ■ ■

a 専攻は 心理学ですか。

→ はい、心理学です。

→ いいえ、心理学じゃ ありません。

日本語です。

전공은 심리학입니까?

→ 네, 심리학입니다.

→ 아니요, 심리학이 아닙니다.

일본어입니다.

 맛있는 응용 연습

▽ 다음 그림을 보고 와 같이 말해 보세요.

예

キム・テホ
韓国人, 学生

はじめまして。
わたしは キム・テホ です。
わたしは 韓国人で、学生 です。

1

イ・スンジュン
韓国人, 会社員

2

グレース・ケリー
フランス人, 医者

3

上野さくら
日本人, デザイナー

4

オ・デヒョン
韓国人, バリスタ

韓国人 한국인 | 学生 학생 | 会社員 회사원 | フランス人 (France) 프랑스인 | 医者 의사 | 日本人 일본인 |
デザイナー (designer) 디자이너 | バリスタ (barista) 바리스타

TRACK 03-04

▽ 다음은 자기소개용 사진입니다. 예와 같이 자유롭게 대화해 보세요.

小島たいよう
(歌手)

桜はなえ
(会社員)

吉田りひと
(医者)

青木ただよし
(けいさつかん)

예

A　お名前は 何ですか。

B　わたしは 吉田りひとです。

A　お仕事は 何ですか。

B　わたしは 医者です。

歌手 가수 | 会社員 회사원 | 医者 의사 | けいさつかん 경찰관 | お名前 이름, 성함(정중한 표현) |
何ですか 무엇입니까? | お仕事 일, 직업(정중한 표현)

▽ 다음은 하야시 씨의 명함입니다. 내용을 읽고 답해 보세요.

課長 林めぐみ

〒123-0000　東京都新宿区 西新宿 1－2
TEL : 03 - 0691 - 4*** FAX : 03 - 1234 - 5***
E－MAIL : gloria@lightjapan.com

1 다음 밑줄 친 곳에 들어갈 알맞은 말을 쓰세요.

林さんは 学生じゃ ありません。_____です。

2 다음 ❶~❸ 중에서 가장 적절한 것을 하나 고르세요.

❶ 林さんは 会社員じゃ ありません。

❷ 会社は ライト旅行です。

❸ 林さんは 課長じゃ ありません。

旅行 여행 | 課長 과장 | ～さん ~씨 | 学生 학생 | 会社員 회사원 | 会社 회사

맛있는 한자 & 가타카나

▽ 다음 한자와 가타카나를 써 보세요.

회사원
会社員
かいしゃいん

가수
歌手
かしゅ

군인
軍人
ぐんじん

일・직업
仕事
しごと

의사
医者
いしゃ

디자이너
デザイナー
でざいなー

바리스타
バリスタ
ばりすた

맛있는 확인 문제

어휘 다음 한자의 발음으로 올바른 것을 ❶~❸ 중에서 하나 고르세요.

1

学生

❶ がくせ

❷ かくせい

❸ がくせい

2

会社員

❶ がいさいん

❷ かいしゃいん

❸ がいしゃいん

3

医者

❶ いしゃ

❷ いしゅ

❸ うしゃ

문법 다음 ( )에 들어갈 가장 알맞은 말을 ❶~❹ 중에서 하나 고르세요.

> はじめまして。わたし( )田中さとしです。
> _{た なか}

❶ わ ❷ を ❸ は ❹ で

TRACK 03-05

청취 다음 대화를 듣고 내용에 맞는 그림을 ❶~❸ 중에서 하나 고르세요.

❶

❷

❸

눈으로 맘껏즐기는 **일본 여행 & 문화**

도쿄, 요요기공원

요요기공원(代々木公園)은 도심에서 하늘과 자연을 가까이 느낄 수 있는 도립 공원입니다. 특히 봄에는 약 700그루의 벚꽃이 피어서 사람들의 눈과 마음을 즐겁게 합니다. 입장료는 무료이고, 음식물 반입도 가능하기 때문에 인기가 많습니다.

[교통]
도쿄메트로 치요다선 '요요기공원역'에서 도보 약 3분

일본인이 사랑하는 벚꽃 축제란?

일본에서는 벚꽃 축제를 '오하나미(お花見)'라고 부르는데, 겨울이 끝나고 봄이 왔다는 것을 기뻐하고 축하하는 풍습입니다. 예부터 일본인이 즐겨 온 벚꽃 축제가 어떤 행사인지 한번 살펴볼까요?

벚꽃은 보통 서남쪽에서 동북쪽으로 피기 시작하고, 도쿄는 3월 말~4월 초에 핍니다.

일본인이 벚꽃을 사랑하는 이유는 그 아름다움뿐만 아니라 꽃이 금방 진다는 덧없음에 있습니다.

꽃이 활짝 핀 나무 밑에서 가족, 친구나 직장 동료와 같이 도시락을 먹거나 술을 마십니다.

04

これは 東京^{とうきょう}の おみやげです。

이것은 도쿄 여행 선물입니다.

이번 과의 여행지는?

간토

도쿄, 아사쿠사 東京^{とうきょう}, 浅草^{あさくさ}

아사쿠사는 예부터 서민들이 살던 동네로 지금도 그 분위기를 즐길 수 있는 곳입니다. 이번 과에 등장하는 갓파바시는 아사쿠사 바로 옆에 위치합니다.

이번 과의 포인트는?

Study

지시대명사와 조사를 활용해서 사물에 대한 설명을 할 수 있습니다.

Travel

도쿄, 갓파바시의 매력에 대해 알 수 있습니다.

Culture

일본 식사 예절에 대해 알 수 있습니다.

TRACK 04-01

※ 도쿄, 아사쿠사에서 폴(ポール)이 세영(セヨン)이 가방에 달린 열쇠고리에 대해 물어보고 있습니다.

ポール　キムさん、それは 何ですか。

セヨン　あー、これは 東京の おみやげです。

ポール　東京？

セヨン　はい、かっぱ橋のです。

「おみやげ」란 그 지역을 대표하는 먹거리나 사물로 만들어진 기념품, 여행 선물을 뜻합니다.

낱말과 표현

~さん ~씨 | それ 그것 | ~は ~은/는 | 何ですか 무엇입니까? | これ 이것 | 東京 도쿄(일본 수도) | ~の ~의, ~의 것 | おみやげ 여행 선물 | はい 네 | かっぱ橋 갓파바시(도쿄)

✻ 도쿄, 갓파바시의 식품 샘플 가게에서 승준(スンジュン)이 점원(店員)에게 물어보고 있습니다.

スンジュン　　　すみません。これは 何ですか。

店員　　　　　それは 時計です。

スンジュン　　　うわー。この とんカツも 時計ですか。

店員　　　　　はい。さいきん 人気の おみやげです。

「とんカツ」는 우리
나라 돈가스와 달리
고기가 두껍고 소스
맛이 진한 편입니다.

낱말과 표현 🍜

すみません (말을 걸 때) 저기요 | これ 이것 | 〜は ~은/는 | 何ですか 무엇입니까? | それ 그것 | 時計 시계
| うわー 우와~ | この 이 | とんカツ 돈가스(일본 음식) | 〜も ~도 | はい 네 | さいきん 요즘, 최근 | 人気
の〜 인기 있는 ~ | おみやげ 여행 선물

맛있는 문법

1 사물을 가리키는 지시대명사

이것	그것	저것	어느것
これ	それ	あれ	どれ

이	그	저	어느
この	その	あの	どの

· それは 何^{なん}ですか。 → これは おみやげです。

· あれは 何^{なん}ですか。 → あれは ノート^{のと}です。

· この とんカツ^{かつ}も 時計^{とけい}ですか。

2 の의 쓰임

■ 가벼운 명사 연결(우리말 해석에는 잘 안 나타난다.)

· これは 東京^{とうきょう}の おみやげです。

② ~의(소유자)

· それは キムさんの 新聞^{しんぶん}です。

何^{なん}ですか 무엇입니까? | おみやげ 여행 선물 | ノート^{のと} (note) 노트 | とんカツ^{かつ} 돈가스(일본 음식) | 時計^{とけい} 시계 | 東京^{とうきょう} 도쿄(일본 수도) | 新聞^{しんぶん} 신문

❸ ~의 것(문맥으로 무엇인지 알 수 있을 때 「の」 뒤의 명사를 생략한다.)

・それは どこの おみやげですか。 → これは かっぱ橋^{ばし}のです。

・あれは わたしのじゃ ありません。田中^{たなか}さんのです。

・その ペン^{ぺん}は ドイツ^{どいつ}のです。

> **잠깐TIP**
> **의문사「だれの」, 「どこの」**
>
> ★それは だれの 新聞^{しんぶん}ですか。 그것은 누구 신문입니까?
> ★その 新聞^{しんぶん}は だれのですか。 그 신문은 누구 것입니까?
> ★これは どこの 時計^{とけい}ですか。 이것은 어디 시계입니까?
> ★この 時計^{とけい}は どこのですか。 이 시계는 어디의 것입니까?

③ ～も   ~도

・それも 佐藤^{さとう}さんのですか。

・これも フランス^{ふらんす}のです。

どこ 어디 | わたし 저, 나 | ペン^{ぺん} (pen) 펜 | ドイツ^{どいつ} (Duits) 독일 | 時計^{とけい} 시계 | フランス^{ふらんす} (France) 프랑스

맛있는 문장 연습 ▨▨▨▨▨▨▨▨▨▨▨▨▨▨▨▨▨▨▨

TRACK 04-03

▽ 다음 문장을 따라 말해 보세요.

---

1 🎤 ■■■

a これは 何^{なん}ですか。

→ それは 時計^{とけい}です。

이것은 무엇입니까?

→ 그것은 시계입니다.

b それは 何^{なん}ですか。

→ これは ノート^{の と}です。

그것은 무엇입니까?

→ 이것은 노트입니다.

---

2 🎤 ■■■

a これは ケンさんの 電話^{でん わ}です。

이것은 켄 씨의 전화입니다.

b それは 日本^{に ほん}の おみやげです。

그것은 일본 여행 선물입니다.

c あれは わたしの 時計^{と けい}です。

저것은 저의 시계입니다.

---

3 🎤 ■■■

a この かばんは 先生^{せんせい}のです。

이 가방은 선생님의 것입니다.

b それも 佐藤^{さ とう}さんのですか。

그것도 사토 씨의 것입니까?

c その ペン^{ぺん}は 日本^{に ほん}のじゃ ありません。

그 펜은 일본 것이 아닙니다.

▽ 다음 그림을 보고 와 같이 말해 보세요.

A <u>それ</u>は だれの <u>新聞</u>ですか。

B <u>これ</u>は <u>田中さん</u>のです。

それ, 新聞, 田中さん

1

これ, ペン, 青木さん

2

あれ, 電話, イさん

3

あれ, 地図, ポールさん

4

それ, ノート, わたし

だれ 누구 | 〜の ~의 것 | 新聞 신문 | ペン (pen) 펜 | 電話 전화 | 地図 지도 | ノート (note) 노트

 맛있는 **회화 연습**

▽ 다음은 인기 상품의 전단지입니다. 예와 같이 자유롭게 대화해 보세요.

おみやげ Good!!

人気(にんき) Best ★★★
15% OFF

| かばん | 時計(とけい) | ペン | カメラ(かめら) |
| フランス(ふらんす) | 日本(にほん) | 中国(ちゅうごく) | 韓国(かんこく) |

예

손님　この **カメラ**(かめら)は どこのですか。

점원　それは **韓国**(かんこく)のです。さいきん 人気(にんき)です。

손님　そうですか。じゃ、これ、ください。

おみやげ 여행 선물 | 人気(にんき) 인기 | かばん 가방 | フランス(ふらんす) (France) 프랑스 | 時計(とけい) 시계 | 日本(にほん) 일본 | ペン (pen) 펜 | 中国(ちゅうごく) 중국 | カメラ(かめら) (camera) 카메라 | 韓国(かんこく) 한국 | どこ 어디 | ～の ~의 것 | さいきん 최근, 요즘 | そうですか 그렇습니까? | じゃ 그럼, 그러면 | これ 이것 | ください 주세요

▽ 다음은 여행 선물에 대한 메모입니다. 내용을 읽고 답해 보세요.

これは おみやげです。

人気の 時計で、中国のです。

あれも おみやげです。

あれは かばんで、中国のじゃ ありません。

フランスのです。

1   다음 밑줄 친 곳에 들어갈 알맞은 말을 쓰세요.

あの かばんは ＿＿＿＿＿＿＿のです。

2   다음 ❶～❸ 중에서 가장 적절한 것을 하나 고르세요.

❶ 中国の おみやげは かばんじゃ ありません。

❷ かばんは フランスの おみやげじゃ ありません。

❸ フランスの おみやげは 時計です。

おみやげ 여행 선물 | 人気の〜 인기 있는 ~ | 時計 시계 | 中国 중국 | 〜も ~도 | かばん 가방 |
フランス (France) 프랑스

맛있는 한자 & 가타카나

▽ 다음 한자와 가타카나를 써 보세요.

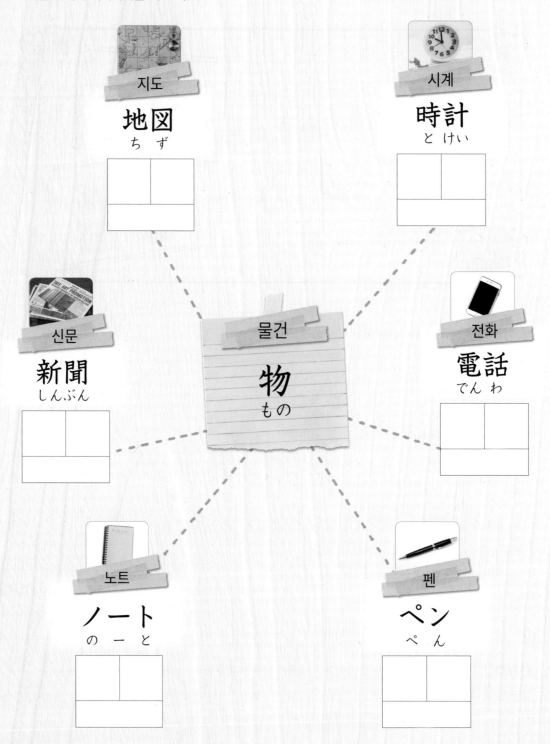

지도
地図
ち ず

시계
時計
と けい

신문
新聞
しんぶん

물건
物
もの

전화
電話
でん わ

노트
ノート
の ー と

펜
ペン
ぺ ん

맛있는 확인 문제

어휘 다음 한자의 발음으로 올바른 것을 ❶~❸ 중에서 하나 고르세요.

1

時計

❶ こけい

❷ ごけい

❸ とけい

2

新聞

❶ しんふん

❷ しんぶん

❸ じんぶん

3

本

❶ ほん

❷ はん

❸ ぼん

문법 다음 (   )에 들어갈 가장 알맞은 말을 ❶~❹ 중에서 하나 고르세요.

> それは 中村先生(   ) ペンです。
> なかむらせんせい　　　ぺん

❶ も   ❷ は   ❸ の   ❹ を

청취 다음 대화를 듣고 내용에 맞는 그림을 ❶~❸ 중에서 하나 고르세요.

TRACK 04-05

❶

❷

❸

눈으로 맘껏즐기는 **일본 여행 & 문화**

도쿄, 갓파바시

갓파바시(かっぱ橋)는 도쿄 아사쿠사(浅草) 근처에 있는 지역입니다. 특히 조리, 주방 도구를 전문으로 한 도매상이 늘어서 있는 곳이기도 합니다. 그 밖에 '식품 샘플'이라고 해서 음식을 진짜처럼 만든 모형 제작으로도 유명한 곳입니다.

[교통]
도쿄메트로 긴자선 '다와라마치역'에서 도보 약 5분

일본 식사 예절이 궁금하다!

일본도 식사할 때 우리나라와 비슷하게 밥그릇, 국그릇, 수저를 쓰는데, 자세히 보면 쓰는 방법이 다릅니다. 일본 식사 예절이 어떤지 한번 살펴볼까요?

전통 일본 음식을 먹을 때는 보통 젓가락만 사용합니다. 숟가락은 그 외 음식을 먹을 때 사용합니다.

젓가락 위치는 우리나라와 달리 평행하게 두는데, 끝부분이 왼쪽으로 오도록 해야 합니다.

일본도 밥그릇은 마주보고 왼쪽, 국은 오른쪽에 두는데, 먹을 때는 손으로 들어야 합니다.

05

たこやきと やきそばを ください。

다코야키와 야키소바를 주세요.

이번 과의 여행지는?

간사이

간사이, 오사카 関西, 大阪

<small>かんさい　おおさか</small>

오사카는 도쿄에 이어 일본에서 두 번째로 큰 경제 도시이자 일본을 대표하는 상업 도시입니다. 도톤보리를 비롯하여 맛있는 먹거리가 많은 곳으로도 유명합니다.

이번 과의 포인트는?

Study

일본 고유 숫자와 관련된 표현을 활용해서 주문을 할 수 있습니다.

Travel

오사카, 도톤보리의 매력에 대해 알 수 있습니다.

Culture

간토와 간사이의 지역 차이에 대해 알 수 있습니다.

🎓 맛있는 회화

TRACK 05-01

※ 오사카, 난바의 식당에서 그레이스(グレース)가 점원(店員)에게 주문을 하고 있습니다.

店員 ご注文、どうぞ。

グレース たこやきと やきそばを ください。

店員 たこやきと やきそばですね。

グレース あ、それから コーラも ふたつ ください。

「たこやき」는 밀가루 반죽에 문어(낙지)를 넣어서 동그랗게 구워 낸 요리입니다.

「やきそば」는 전용 양념 소스로 맛을 낸 일본식 볶음면입니다.

낱말과 표현 🍴

ご注文、どうぞ 주문하시겠습니까?(공손한 표현) | たこやき 다코야키(일본 음식) | 〜と ~와/과 | やきそば 야키소바(일본 음식) | 〜を ~을/를 | ください 주세요 | 〜ですね ~요?(확인) | それから 그리고 | コーラ (cola) 콜라 | 〜も ~도 | ふたつ 두 개

TRACK 05-02

✽ 오사카, 간사이 공항 카페에서 폴(ポール)이 점원(店員)에게 주문을 하고 있습니다.

店員　いらっしゃいませ。

ポール　あのー、コーヒー ふたつと ケーキ ひとつ ください。

店員　コーヒー ふたつと ケーキ ひとつですね。

　　　　しょうしょう おまちください。

낱말과 표·현 🍜

いらっしゃいませ 어서 오세요 | あのー 저기(요) | コーヒー (coffee) 커피 | ふたつ 두 개 | 〜と ~와/과 | ケーキ (cake) 케이크 | ひとつ 한 개 | ください 주세요 | 〜ですね ~요?(확인) | しょうしょう おまち ください 잠시만 기다려 주세요

1 숫자와 조수사(개수) 맛보기

숫자

0	1	2	3	4	5
ぜろ, れい	いち	に	さん	し, よん	ご

6	7	8	9	10
ろく	しち, なな	はち	きゅう, く	じゅう

개수

	ひとつ		むっつ
	ふたつ		ななつ
	みっつ		やっつ
	よっつ		ここのつ
	いつつ		とお

② ～と   ~와/과

- 食べ物と 飲み物、どうぞ。

- おすすめの 料理は 牛丼と うどんです。

③ ～と ～を ください   ~와/과 ~을/를 주세요

- たこやきと やきそばを ください。

- ジュースと ケーキを ください。

④ 조수사(개수) ください   ~개 주세요

- コーヒー ふたつと ケーキ ひとつ ください。

- ハンバーガー ひとつと ジュース ふたつ ください。

食べ物 음식 | 飲み物 음료 | どうぞ (물건을 건넬 때) 받으세요 | おすすめ 추천 | 料理 요리 | 牛丼 규동
(일본 음식), 일본식 소고기 덮밥 | うどん 우동(일본 음식), 일본식 가락국수 | たこやき 다코야키(일본 음식) |
やきそば 야키소바(일본 음식) | ジュース (juice) 주스 | ケーキ (cake) 케이크 | コーヒー (coffee) 커피 |
ふたつ 두 개 | ひとつ 한 개 | ハンバーガー (hamburger) 햄버거

맛있는 문장 연습

▽ 다음 문장을 따라 말해 보세요.

---

1 🎤 ▪▪▪

a たこやきと やきそばを ください。 | 다코야키와 야키소바를 주세요.

b コーヒーと ケーキを ください。 | 커피와 케이크를 주세요.

c ハンバーガーと ジュースを ください。 | 햄버거와 주스를 주세요.

---

2 🎤 ▪▪▪

a コーヒー ふたつと ケーキ ひとつですね。 | 커피 두 개와 케이크 한 개요?

　しょうしょう おまちください。 | 잠시만 기다려 주세요.

b カレー ふたつと 牛丼 ひとつですね。 | 카레 두 개와 규동 한 개요?

　しょうしょう おまちください。 | 잠시만 기다려 주세요.

---

3 🎤 ▪▪▪

a それから、ジュースも ふたつ ください。 | 그리고, 주스도 두 개 주세요.

b それから、ハンバーガーも ひとつ ください。 | 그리고, 햄버거도 한 개 주세요.

c それから、ご飯も みっつ ください。 | 그리고, 밥도 세 개 주세요.

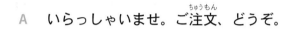

▽ 다음 그림을 보고 예와 같이 말해 보세요.

예

B1

B2

A　いらっしゃいませ。ご注文、どうぞ。

B1　<u>ハンバーガー ひとつ</u> ください。

B2　<u>ハンバーガー ふたつ</u>と <u>ジュース ひとつ</u> ください。

1

2

3

4

いらっしゃいませ 어서 오세요 | ご注文、どうぞ 주문하시겠습니까?(공손한 표현) | ハンバーガー
(hamburger) 햄버거 | ジュース (juice) 주스 | フライドポテト (fried potato) 감자튀김

▽ 다음은 일본 식당의 메뉴판입니다. 예와 같이 자유롭게 대화해 보세요.

★SET MENU★

_{ぎゅうどん せっと}
牛丼セット

_{かつ せっと}
とんカツセット

_{か れ せっと}
カレーセット

_{せっと}
そばセット

예

손님　**すみません。おすすめは** _{なん}**何ですか。**

점원　<u>牛丼セット</u>**です。**

손님　**じゃ、**<u>牛丼セット</u> **ふたつ ください。**

_{ぎゅうどん}
牛丼 규동(일본 음식), 일본식 소고기 덮밥 | セット (set) 세트 | とんカツ 돈가스(일본 음식) | カレー
(curry) 카레 | そば 소바(일본 음식), 메밀국수 | すみません (말을 걸 때) 저기요 | おすすめ 추천(메뉴) |
_{なん}
何ですか 무엇입니까? | じゃ 그럼, 그러면 | ください 주세요

▽ 다음은 새로 문을 연 카페의 메뉴판입니다. 내용을 읽고 답해 보세요.

1 다음 밑줄 친 곳에 들어갈 알맞은 말을 쓰세요.

人気（にんき）の 飲（の）み物（もの）は _____ です。

2 다음 ❶～❸ 중에서 가장 적절한 것을 하나 고르세요.

❶ 人気（にんき）の デザート（でざーと）は チョコケーキ（ちょこけーき）と いちごケーキ（けーき）です。

❷ チョコケーキ（ちょこけーき）は おすすめの メニュー（めにゅー）です。

❸ コーヒー（こーひー）も おすすめの メニュー（めにゅー）です。

飲（の）み物（もの） 음료 | デザート (dessert) 디저트 | メニュー (menu) 메뉴 | コーヒー（こーひー） (coffee) 커피 | おすすめ 추천 | チョコ（ちょこ） (chocolate) 초코 | ケーキ（けーき） (cake) 케이크 | 人気（にんき） 인기 | ジュース（じゅーす） (juice) 주스 | いちご 딸기 | 人気（にんき）の～ 인기 있는 ~

맛있는 한자 & 가타카나

▽ 다음 한자와 가타카나를 써 보세요.

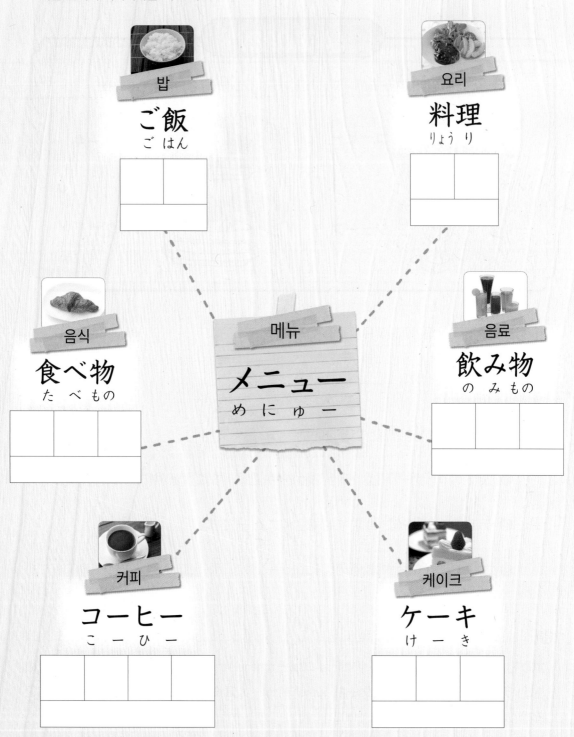

밥
ご飯
ご はん

요리
料理
りょう り

음식
食べ物
た べ もの

메뉴
メニュー
め に ゅ ー

음료
飲み物
の み もの

커피
コーヒー
こ ー ひ ー

케이크
ケーキ
け ー き

맛있는 확인 문제

어휘 다음 한자의 발음으로 올바른 것을 ❶~❸ 중에서 하나 고르세요.

1

料理

❶ りょうり

❷ りより

❸ りょうい

2

食べ物

❶ たべもの

❷ のみもの

❸ おみもの

3

飲み物

❶ のりもの

❷ のみもの

❸ のいもの

문법 다음 (1), (2)에 순서대로 들어갈 가장 알맞은 말을 ❶~❹ 중에서 하나 고르세요.

> すみません。ハンバーガー(1) ジュース(2) ください。
> はんば が　　　　じゅ す

❶ の, と　　　　❷ と, を　　　　❸ を, と　　　　❹ は, と

청취 다음 대화를 듣고 내용에 맞는 그림을 ❶~❸ 중에서 하나 고르세요.

TRACK 05-05

❶

❷

❸

눈으로 맘껏즐기는 **일본 여행 & 문화**

오사카, 도톤보리

도톤보리(道頓堀)는 17세기 에도 시대 때 대중 극장이 세워진 것을 계기로 연극 같은 공연을 보러 오는 관객을 위한 찻집이나 음식점이 생겨나면서 관광지로 발달되었다고 합니다. 거리를 다니면 화려하고 독특한 간판을 많이 볼 수 있어서 재미있습니다.

[교통]
지하철, 한신, 긴테츠, JR '난바역'에서 도보 약 5분

간토 VS 간사이, 지역 차이?

일본 열도를 동서로 나눌 때 도쿄를 중심으로 한 동쪽 지역을 '간토(関東)', 오사카를 중심으로 한 서쪽 지역을 '간사이(関西)'라고 말합니다. 간토, 간사이에 어떤 차이가 있는지 한번 살펴볼까요?

말할 때의 악센트, 억양에 차이가 있고, 같은 것이라도 다른 어휘를 쓸 때가 있습니다.

우동 국물의 간이 간토는 비교적 진하고, 간사이는 연한 편입니다.

에스컬레이터에서 서는 위치는 보통 간토가 왼쪽, 간사이가 오른쪽입니다.

温泉は どこに ありますか。
おん せん

온천은 어디에 있습니까?

이번 과의 여행지는?

간사이

간사이, 효고 関西, 兵庫
かんさい ひょう ご

효고는 오사카 서쪽에 위치한 국제 항구 도시입니다. 이번 과에 등장하는 아리마온천은 간사이 온천 중에서 도시에 가까운 곳에 있어서 인기가 많습니다.

© KOBE TOURISM BUREAU

이번 과의 포인트는?

Study

지시대명사와 존재 표현을 활용해서 위치에 대한 설명을 할 수 있습니다.

Travel

효고, 아리마온천의 매력에 대해 알 수 있습니다.

Culture

일본 전통방에 대해 알 수 있습니다.

✽ 효고, 아리마에서 승준(スンジュン)이 친구에게 안 보이는 리나(りな)에 대해 물어보고 있습니다.

スンジュン 二宮さん、青山さんが いません。

二宮 青山さん？ 青山さんは あそこに いますよ。

スンジュン あそこ？ どこですか。

二宮 あそこです。佐藤さんの となりに います。

낱말과 표·현 🥢

~さん ~씨 | ~が ~이/가 | いません (사람, 생물) 없습니다 | あそこ 저기 | (장소)に ~에 | います (사람, 생물) 있습니다 | ~よ ~네요(강조) | どこですか 어디입니까? | となり 이웃, 옆

✳ 효고, 아리마의 여관에서 그레이스(グレース)가 직원(職員)에게 온천 위치에 대해 물어보고 있습니다.

グレース	すみません。温泉は どこに ありますか。
職員	ホテルの 2階に あります.
	エレベーターは あちらです。
グレース	どうも ありがとうございます。

일본에서는 물의 온도, 성분 등 법으로 정해진 기준을 통과해야 '온천'으로 인정됩니다.

낱말과 표현

すみません (말을 걸 때) 저기요 | 温泉 온천 | ～は ~은/는 | どこ 어디 | (장소)に ~에 | ありますか (사물, 식물, 장소) 있습니까? | ホテル (hotel) 호텔 | 2階 2층 | エレベーター (elevator) 엘리베이터 | あちら 저쪽 | どうも ありがとうございます 정말 감사합니다

1 장소나 방향을 가리키는 지시대명사

여기	거기	저기	어디
ここ	そこ	あそこ	どこ

이쪽	그쪽	저쪽	어느 쪽
こちら	そちら	あちら	どちら

・<ruby>梅田駅<rt>うめ だ えき</rt></ruby>は どこですか。 → あそこです。

・<ruby>公園<rt>こうえん</rt></ruby>は どこですか。 → こちらです。

2 います(あります)   있습니다

	사람, 생물	사물, 식물, 장소
긍정	います 있습니다	あります 있습니다
부정	いません 없습니다	ありません 없습니다

<ruby>梅田駅<rt>うめ だ えき</rt></ruby> 우메다역(오사카) | <ruby>公園<rt>こうえん</rt></ruby> 공원

- 田中さんが いません。

- あそこに タオルが あります。

- もしもし。温泉は どこに ありますか。

③ 위치 명사①

① 위	上 (うえ)
② 안	中 (なか)
③ 아래, 밑	下 (した)
④ 오른쪽	右 (みぎ)
⑤ 왼쪽	左 (ひだり)

〜が ~이/가 | (장소)に ~에 | タオル (towel) 타월, 수건 | もしもし 여보세요 | 温泉 (おんせん) 온천 | 〜は ~은/는

4️⃣ 위치 명사②

①앞	前 (まえ)
②뒤	後ろ (うし)
③옆	よこ
④이웃, 옆	となり
⑤근처	そば

5️⃣ ～の ～に います(あります)   ~(의) ~에 있습니다

・田中(たなか)さんは 佐藤(さとう)さんの となりに います。

・机(つくえ)の 上(うえ)に ペン(ぺん)が あります。

・先生(せんせい)の 後ろ(うし)に グレース(ぐれす)さんが います。

机(つくえ) 책상 | 上(うえ) 위 | ペン(ぺん) (pen) 펜 | ～が ~이/가 | 先生(せんせい) 선생님

★ かばんの 中に ペンが あります。 가방 안에 펜이 있습니다.

★ ペンは かばんの 中に あります。 펜은 가방 안에 있습니다.

6 ~階 ~층

1층	2층	3층	4층	5층	6층
いっかい	にかい	さんがい	よんかい	ごかい	ろっかい

7층	8층	9층	10층	몇 층
ななかい	はっかい	きゅうかい	じゅっかい	何階

· 温泉は どこに ありますか。 → ホテルの 2階に あります。

· カメラは 何階ですか。 → 3階です。

温泉 온천 | どこ 어디 | (장소)に ~에 | ホテル (hotel) 호텔 | あります (사물, 식물, 장소) 있습니다 | カメラ (camera) 카메라

맛있는 문장 연습

TRACK 06-03

▽ 다음 문장을 따라 말해 보세요.

---

1 🎙️ ■■■

a 公園は どこですか。

→ あそこです。

공원은 어디입니까?

→ 저기입니다.

b ホテルは どちらですか。

→ こちらです。

호텔은 어느 쪽입니까?

→ 이쪽입니다.

---

2 🎙️ ■■■

a 温泉は 何階に ありますか。

→ 1階に あります。

온천은 몇 층에 있습니까?

→ 1층에 있습니다.

b 田中さんは どこに いますか。

→ 会社に います。

다나카 씨는 어디에 있습니까?

→ 회사에 있습니다.

---

3 🎙️ ■■■

a かばんの 中に カメラが あります。

가방 안에 카메라가 있습니다.

b 本屋の となりに 交番が あります。

서점 옆에 파출소가 있습니다.

c トイレは エレベーターの 右に あります。

화장실은 엘리베이터 오른쪽에 있습니다.

▽ 다음 그림을 보고 와 같이 말해 보세요.

예

A <ruby>大阪駅<rt>おおさかえき</rt></ruby>は どこに ありますか。

B あそこに あります。

<ruby>大阪駅<rt>おおさかえき</rt></ruby>, あそこ

1

<ruby>公園<rt>こうえん</rt></ruby>, こちら

2

<ruby>トイレ<rt>と い れ</rt></ruby>, <ruby>1階<rt>いっかい</rt></ruby>

3

<ruby>青山<rt>あおやま</rt></ruby>さん, <ruby>会社<rt>かいしゃ</rt></ruby>の <ruby>前<rt>まえ</rt></ruby>

4

<ruby>交番<rt>こうばん</rt></ruby>, <ruby>本屋<rt>ほん や</rt></ruby>の となり

<ruby>大阪駅<rt>おおさかえき</rt></ruby> 오사카역(오사카) | あそこ 저기 | <ruby>公園<rt>こうえん</rt></ruby> 공원 | こちら 이쪽 | <ruby>トイレ<rt>と い れ</rt></ruby> (toilet) 화장실 | <ruby>1階<rt>いっかい</rt></ruby> 1층 |
<ruby>会社<rt>かいしゃ</rt></ruby> 회사 | <ruby>前<rt>まえ</rt></ruby> 앞 | <ruby>交番<rt>こうばん</rt></ruby> 파출소 | <ruby>本屋<rt>ほん や</rt></ruby> 서점 | となり 이웃, 옆

 **맛있는 회화 연습**

▽ 다음은 백화점 층별 안내도입니다. 예와 같이 자유롭게 대화해 보세요.

Grace Department store

8F 📷 📱	カメラ, 電話	
6F ✏️ 📋	ペン, ノート	
3F 📖	本	
1F 💼 🕐	かばん, 時計	

예

손님　すみません。カメラは 何階ですか。

점원　カメラは…… (층수를 확인하고) 8階です。

손님　どうも ありがとうございます。

カメラ (camera) 카메라 | 電話 전화 | ペン (pen) 펜 | ノート (note) 노트 | 本 책 | かばん 가방 | 時計
시계 | すみません (말을 걸 때) 저기요 | 何階 몇 층 | どうも ありがとうございます 정말 감사합니다

맛있는 독해 연습

▽ 다음은 그레이스 씨가 쓴 숙박 호텔에 대한 메모입니다. 내용을 읽고 답해 보세요.

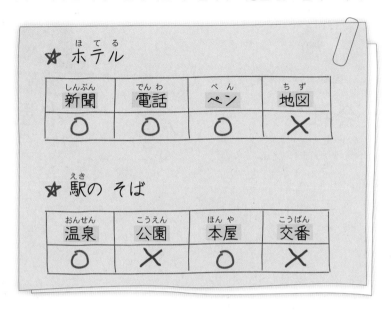

1 다음 밑줄 친 곳에 들어갈 알맞은 말을 쓰세요.

ホテルに _____が ありません。

2 다음 ❶~❸ 중에서 가장 적절한 것을 하나 고르세요.

❶ ホテルに 新聞が ありません。

❷ 駅の そばに 公園と 本屋が あります。

❸ 駅の そばに 交番が ありません。

ホテル (hotel) 호텔 | 新聞 신문 | 電話 전화 | ペン (pen) 펜 | 地図 지도 | 駅 역 | そば 근처 | 温泉 온천 | 公園 공원 | 本屋 서점 | 交番 파출소

맛있는 한자 & 가타카나

▽ 다음 한자와 가타카나를 써 보세요.

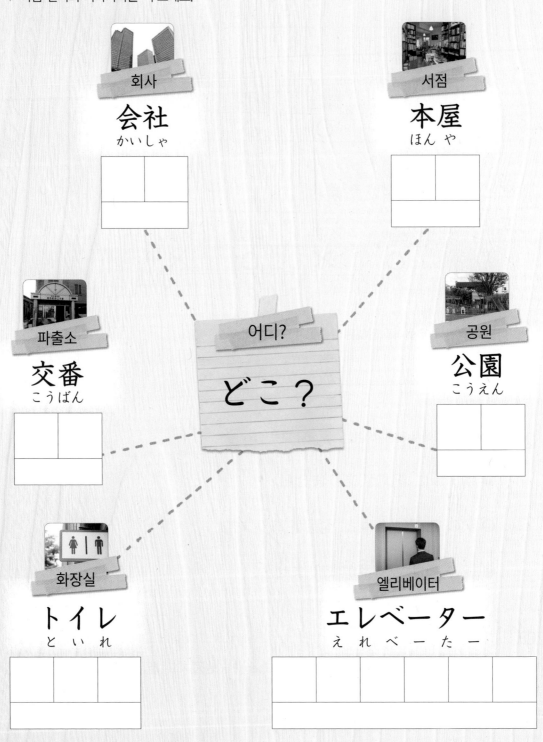

회사
会社
かいしゃ

서점
本屋
ほん や

파출소
交番
こうばん

어디?
どこ？

공원
公園
こうえん

화장실
トイレ
と い れ

엘리베이터
エレベーター
え れ べ ー た ー

맛있는 확인 문제

다음 한자의 발음으로 올바른 것을 ❶~❸ 중에서 하나 고르세요.

1

駅

❶ やき

❷ えき

❸ いき

2

公園

❶ こうえん

❷ こえん

❸ ごうえん

3

温泉

❶ のんせん

❷ おんさん

❸ おんせん

다음 (1), (2)에 순서대로 들어갈 가장 알맞은 말을 ❶~❹ 중에서 하나 고르세요.

本屋（ほんや）は どこ(1) ありますか。→ 2階（にかい）(2) あります。

❶ は, に　　　❷ に, で　　　❸ に, が　　　❹ に, に

TRACK 06-05

다음 대화를 듣고 내용에 맞는 그림을 ❶~❸ 중에서 하나 고르세요.

❶

❷

❸

눈으로 맘껏즐기는 **일본 여행 & 문화**

효고, 아리마온천

© KOBE TOURISM BUREAU

아리마온천(有馬温泉)은 아주 오래된 온천이며 화산 활동이 없는 곳에서 온천이 솟아 나온다는 세계적으로도 드문 곳입니다. 일본의 멋을 즐길 수 있는 '유모토자카(湯本坂)' 거리를 산책하거나 일본 전통 여관에서 여유로운 시간을 보낼 수 있습니다.

[교통]
JR 산노미야버스터미널에서 직행 버스 승차, 약 30분

© KOBE TOURISM BUREAU

일본 전통방, '와시츠(和室)'란?

일본 전통방인 와시츠(和室)는 방에 두는 가구에 따라 침실, 거실, 객실 등 다양하게 활용됩니다. 일본 와시츠(和室)의 특징이 무엇인지 한번 살펴볼까요?

바닥재인 다다미(畳)는 습도 조절과 단열 효과가 있어서 덥고 습한 여름에도 쾌적하게 지낼 수 있습니다.

쇼지(障子)는 나무 격자에 얇은 종이를 붙인 미닫이입니다. 외부에서의 시선을 차단하되 햇빛을 부드럽게 통과시킵니다.

도코노마(床の間)는 방을 장식하는 공간이며 손님만 도코노마를 등지고 앉을 수 있습니다.

07

ちょうしょく なんじ なんじ
朝食は 何時から 何時まででですか。
조식은 몇 시부터 몇 시까지입니까?

이번 과의 여행지는?

간사이, 나라
かんさい なら
関西, 奈良

나라는 옛 수도였던 만큼 역사가 깊은 도시입니다. 백제에서 전해진 불교와 중국 문화의 영향을 받은 문화재가 많고 특히 나라공원에서는 국보 건축물을 볼 수 있습니다.

간사이

이번 과의 포인트는?

Study

Travel

Culture

시간 표현을 활용해서 시간에 대한 질의응답을 할 수 있습니다.

나라, 나라공원의 매력에 대해 알 수 있습니다.

일본 관광지에서 자주 보는 동물들에 대해 알 수 있습니다.

맛있는 회화

※ 승준(スンジュン)이 나라에 있는 가마메시 식당에 전화해서 영업 시간을 물어보고 있습니다.

店員	お電話 ありがとうございます。かまめし一番です。
スンジュン	あのー、 夜は 何時までですか。
店員	午後 １１時までです。
スンジュン	じゃ、 ８時に 予約を おねがいします。
店員	はい。お名前を おねがいします。

「かまめし」는 간장
등 조미료에 해산물,
닭고기 등을 넣어서
밥을 짓는 일인용 솥
밥 요리입니다.

낱말과 표현

お電話 전화(정중한 표현) | ありがとうございます 감사합니다 | かまめし 가마메시(일본 음식), 일본식 솥밥
| 一番 일번, 가장, 제일 | あのー 저기(요) | 夜 저녁, 밤 | 何時 몇 시 | ～まで ~까지 | 午後 오후 | ～時 ~시
| じゃ 그럼, 그러면 | (시간)に ~에 | 予約 예약 | ～を ~을/를 | おねがいします 부탁합니다 | お名前 이름,
성함(정중한 표현)

✻ 나라의 호텔에서 세영(セヨン)이 프런트(フロント)에 다음 날 아침 식사 시간을 물어보고 있습니다.

フロント　はい。フロントです。

セヨン　あのー、朝食は 何時から 何時まで ですか。

フロント　6時半から 10時までです。

セヨン　じゃ、朝 7時に モーニングコールを おねがいします。

낱말과 표현 🍜

はい 네 | フロント (front) 프런트 | あのー 저기(요) | 朝食 조식, 아침 식사 | 何時 몇 시 | 〜から ~부터 | 〜まで ~까지 | 〜時 ~시 | 半 반, 30분 | じゃ 그럼, 그러면 | 朝 아침 | (시간)に ~에 | モーニングコール (morning call) 모닝콜 | 〜を ~을/를 | おねがいします 부탁합니다

맛있는 문법

1 ～時 ~시

1시	2시	3시	4시	5시
いちじ	にじ	さんじ	よじ	ごじ

6시	7시	8시	9시	10시
ろくじ	しちじ	はちじ	くじ	じゅうじ

11시	12시	몇 시
じゅういちじ	じゅうにじ	何時

2 ～分 ~분

1분	2분	3분	4분	5분
いっぷん	にふん	さんぷん	よんぷん	ごふん

6분	7분	8분	9분	10분
ろっぷん	ななふん	はっぷん	きゅうふん	じゅっぷん

20분	30분	40분	50분	몇 분
にじゅっぷん	さんじゅっぷん, はん	よんじゅっぷん	ごじゅっぷん	何分

③ 시간 관련 표현

12시

午前
（ご ぜん）

午後
（ご ご）

朝
（あさ）

昼
（ひる）

夜
（よる）

④ 〜から 〜まで

~부터 ~까지

・ 朝食は 何時から 何時まで ですか。
（ちょうしょく）（なん じ）（なん じ）

・ 映画は 4時 30分から 7時 まで です。
（えい が）（よ じ）（さんじゅっぷん）（しち じ）

午前（ご ぜん） 오전 | 午後（ご ご） 오후 | 朝（あさ） 아침 | 昼（ひる） 점심 | 夜（よる） 저녁, 밤 | 朝食（ちょうしょく） 조식, 아침 식사 | 何時（なん じ） 몇 시 | 映画（えい が） 영화

맛있는 **문장 연습**

▽ 다음 문장을 따라 말해 보세요.

---

1 🎤 ◼◼◼

a <ruby>食事<rt>しょくじ</rt></ruby>は <ruby>何時<rt>なんじ</rt></ruby>からですか。
→ <ruby>午前<rt>ごぜん</rt></ruby> <ruby>１０時<rt>じゅうじ</rt></ruby>からです。

b レストランは <ruby>何時<rt>なんじ</rt></ruby>までですか。
→ <ruby>午後<rt>ごご</rt></ruby> <ruby>９時<rt>くじ</rt></ruby> <ruby>３０分<rt>さんじゅっぷん</rt></ruby>までです。

식사는 몇 시부터입니까?

→ 오전 10시부터입니다.

레스토랑은 몇 시까지입니까?

→ 오후 9시 30분까지입니다.

---

2 🎤 ◼◼◼

a <ruby>朝食<rt>ちょうしょく</rt></ruby>は <ruby>何時<rt>なんじ</rt></ruby>から <ruby>何時<rt>なんじ</rt></ruby>までですか。

b <ruby>映画<rt>えいが</rt></ruby>は <ruby>４時半<rt>よじはん</rt></ruby>から <ruby>７時<rt>しちじ</rt></ruby>までです。

c バイトは <ruby>２時<rt>にじ</rt></ruby>から <ruby>６時<rt>ろくじ</rt></ruby>までです。

조식은 몇 시부터 몇 시까지입니까?

영화는 4시 반부터 7시까지입니다.

아르바이트는 2시부터 6시까지입니다.

---

3 🎤 ◼◼◼

a <ruby>７時<rt>しちじ</rt></ruby>に モーニングコールを おねがいします。

b <ruby>３時<rt>さんじ</rt></ruby>に ルームサービスを おねがいします。

c <ruby>４時<rt>よじ</rt></ruby>に <ruby>予約<rt>よやく</rt></ruby>を おねがいします。

7시에 모닝콜을 부탁합니다.

3시에 룸서비스를 부탁합니다.

4시에 예약을 부탁합니다.

맛있는 응용 연습

▽ 다음 그림을 보고 예와 같이 말해 보세요.

예

A 昼休みは 何時から 何時までですか。

B 午後1時から 2時までです。

昼休み
PM 1:00 ~ 2:00

1

会社
AM 9:00 ~ PM 6:00

2

映画
PM 3:00 ~ 5:00

3

学校
AM 8:30 ~ PM 4:00

4

バイト
PM 6:00 ~ 10:00

昼休み 점심시간 | 〜から ~부터 | 〜まで ~까지 | 午後 오후 | 会社 회사 | 午前 오전 | 映画 영화 | 学校 학교 | バイト (Arbeit) 아르바이트(アルバイト의 줄임말)

 **맛있는 회화 연습**

TRACK 07-04

▽ 다음은 외국어 학원 일정표입니다. 예와 같이 자유롭게 대화해 보세요.

	A 教室{きょうしつ}	B 教室{きょうしつ}	C 教室{きょうしつ}
午前{ごぜん}	• 英語{えいご} 🇺🇸 AM 9:00 ~ 10:20		• 英語{えいご} 🇺🇸 AM 9:00 ~ 10:20
	• 中国語{ちゅうごくご} 🇨🇳 AM 10:30 ~ 11:50	• 日本語{にほんご} 🇯🇵 AM 10:30 ~ 11:50	• 中国語{ちゅうごくご} 🇨🇳 AM 10:30 ~ 11:50
	昼休{ひるやす}み PM 12:00 ~ 2:00		
午後{ごご}	• 韓国語{かんこくご} 🇰🇷 PM 2:00 ~ 3:20	• 英語{えいご} 🇺🇸 PM 2:30 ~ 4:10	• 韓国語{かんこくご} 🇰🇷 PM 2:00 ~ 3:20
	• フランス語{ふらんすご} 🇫🇷 PM 4:00 ~ 5:15		• フランス語{ふらんすご} 🇫🇷 PM 4:00 ~ 5:15
		• 日本語{にほんご} 🇯🇵 PM 4:40 ~ 6:00	

예

직원	お電話{でんわ}、ありがとうございます。ＡＢＣ語学教室{ごがくきょうしつ}です。
수강생	あのー、Ａ教室{きょうしつ}の 英語{えいご}の 授業{じゅぎょう}は 何時{なんじ}から 何時{なんじ}までですか。
직원	午前{ごぜん} 9時{くじ}から １０時{じゅうじ} ２０分{にじゅっぷん}までです。
수강생	ありがとうございます。

教室{きょうしつ} 교실 | 午前{ごぜん} 오전 | 午後{ごご} 오후 | 英語{えいご} 영어 | 中国語{ちゅうごくご} 중국어 | 昼休{ひるやす}み 점심시간 | 韓国語{かんこくご} 한국어 |
フランス語{ふらんすご} (France) 프랑스어 | お電話{でんわ} 전화(정중한 표현) | 語学{ごがく} 어학 | あのー 저기(요) | 授業{じゅぎょう} 수업

맛있는 독해 연습

▽ 다음은 요리 교실 안내입니다. 내용을 읽고 답해 보세요.

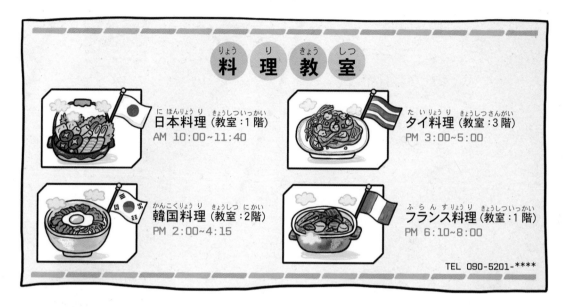

料理教室

日本料理(教室:1階)
AM 10:00~11:40

タイ料理(教室:3階)
PM 3:00~5:00

韓国料理(教室:2階)
PM 2:00~4:15

フランス料理(教室:1階)
PM 6:10~8:00

TEL 090-5201-****

1 다음 밑줄 친 곳에 들어갈 알맞은 말을 쓰세요.

午前の 授業は ＿＿＿＿＿＿ 料理です。

2 다음 ❶~❸ 중에서 가장 적절한 것을 하나 고르세요.

❶ 1階の 教室は 日本料理と タイ料理です。

❷ フランス料理は 午後 3時から 5時までです。

❸ 韓国料理は 午後 2時からです。

料理教室 요리 교실 | 日本料理 일본 요리 | ～階 ~층 | 韓国料理 한국 요리 | タイ料理 (Thai) 태국 요리 |
フランス料理 (France) 프랑스 요리 | 授業 수업 | ～と ~와/과

맛있는 한자 & 가타카나

▽ 다음 한자와 가타카나를 써 보세요.

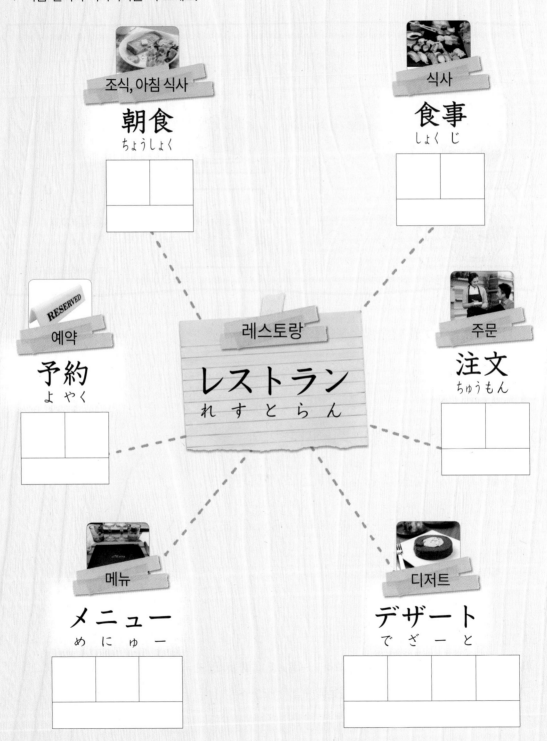

조식, 아침 식사
朝食
ちょうしょく

식사
食事
しょく じ

예약
予約
よ やく

레스토랑
レストラン
れ す と ら ん

주문
注文
ちゅうもん

메뉴
メニュー
め にゅ ー

디저트
デザート
で ざ ー と

맛있는 확인 문제

어휘 다음 한자의 발음으로 올바른 것을 ❶~❸ 중에서 하나 고르세요.

1

食事

❶ しょうじ
❷ しょくし
❸ しょくじ

2

映画

❶ えが
❷ えいか
❸ えいが

3

朝食

❶ じょうしょく
❷ ちょうしょく
❸ あさごはん

문법 다음 (1), (2)에 순서대로 들어갈 가장 알맞은 말을 ❶~❹ 중에서 하나 고르세요.

> バイトは 午後 6時半(1) 10時(2)です。

❶ まで, から　　　❷ から, の　　　❸ から, まで　　　❹ と, まで

TRACK 07-05

청취 다음 대화를 듣고 내용에 맞는 그림을 ❶~❸ 중에서 하나 고르세요.

❶
OPEN
AM 11:00
~
PM 8:00

❷
OPEN
AM 10:00
~
PM 4:00

❸
OPEN
AM 10:00
~
PM 9:00

눈으로 맘껏즐기는 일본 여행 & 문화

나라, 나라공원

나라공원(奈良公園)은 문화재인 절, 신사뿐만 아니라 풍부한 자연과 천연기념물인 야생 사슴으로 유명합니다. 이 사슴은 공원에 있는 '가스가타이샤 (春日大社)'라는 신사의 신의 사자로 여겨져 신성한 동물이라고 합니다.

[교통]
긴테츠 나라역에서 도보 약 5분

일본 관광지에서 자주 보는 동물은?

일본 신사, 절을 비롯해 여관, 음식점에서 동물을 본뜬 조형물이나 인형을 볼 수 있습니다. 과연 어떤 동물이고 무슨 뜻이 있는지 살펴볼까요?

고마이누(狛犬)는 사자나 개와 비슷하게 생긴 상상의 동물로 신사나 절 입구에서 그 장소를 지킨다고 합니다.

다누키(たぬき)는 성업을 기원하는 너구리입니다. 들고 있는 통장은 손님과의 신뢰, 술병은 인덕을 나타냅니다.

마네키네코(招き猫)는 행운을 비는 고양이로 올리고 있는 손이 오른손이면 돈, 왼손이면 손님을 부른다고 합니다.

08

<ruby>コ<rt>こ</rt>ロ<rt>ろ</rt>ッ<rt>っ</rt>ケ<rt>け</rt></ruby>

この コロッケは いくらですか。

이 고로케는 얼마입니까?

이번 과의 여행지는?

간사이, 교토 <ruby>関西<rt>かんさい</rt></ruby>, <ruby>京都<rt>きょうと</rt></ruby>

교토는 천 년 이상 일본 수도였던 곳입니다. '일본다운' 전통 문화는 이곳에서 탄생한 게 많기 때문에 지금도 그 모습을 엿볼 수 있습니다.

간사이

이번 과의 포인트는?

Study

숫자 표현을 활용해서 물건을 사거나 점원으로서 고객 응대를 할 수 있습니다.

Travel

교토, 니시키시장의 매력에 대해 알 수 있습니다.

Culture

일본 동전과 지폐에 대해 알 수 있습니다.

TRACK 08-01

※ 교토, 니시키시장에서 폴(ポール)이 시장 점원(店員)에게 가격을 물어보고 있습니다.

ポール あのー、この コロッケは いくらですか。

店員 ひとつ 100円で、こちらは 90円です。

ポール じゃ、100円のを ひとつ、90円のを ふたつ ください。

店員 合計 280円です。…… 20円の おかえしです。

「コロッケ」는 서양 요리인 크로켓(croquette)을 본떠 만든 일본식 양식입니다.

낱말과 표현

店員 점원 | あのー 저기(요) | この 이 | コロッケ (croquette) 고로케 | いくらですか 얼마입니까? | ひとつ 한 개 | ～円 ~엔(일본 통화) | ～で ~(이)고 | こちら 이쪽 | じゃ 그럼, 그러면 | ～の ~의 것 | ～を ~을/를 | ふたつ 두 개 | ください 주세요 | 合計 다 합해서, 합계 | おかえし 거스름돈(정중한 표현)

※ 교토, 사진 스튜디오에서 그레이스(グレース)가 점원(店員)에게 기모노 체험 가격을 물어보고 있습니다.

店員 こちらが おすすめの プランです。

グレース いくらですか。

店員 着物の 写真 ４まいと さんぽ ３０分で、
１３，０００円です。

グレース じゃ、予約を おねがいします。

「着物」는 일본 전통 의상이며 현재는 졸업식, 결혼식 등 특별할 때에 입습니다.

낱말과 표현

〜が ~이/가 | おすすめ 추천 | プラン (plan) 플랜, 계획 | 着物 기모노(일본 전통 의상) | 写真 사진 | 〜まい ~장 | 〜と ~와/과 | さんぽ 산책 | 〜分 ~분 | 〜で ~(으)로 | じゃ 그럼, 그러면 | 予約 예약 | 〜を ~을/를 | おねがいします 부탁합니다

맛있는 문법

1 숫자 표현

1	2	3	4	5
いち	に	さん	し, よん	ご

6	7	8	9	10
ろく	しち, なな	はち	きゅう, く	じゅう

10	20	30	40	50
じゅう	にじゅう	さんじゅう	よんじゅう	ごじゅう

60	70	80	90	100
ろくじゅう	ななじゅう	はちじゅう	きゅうじゅう	ひゃく

100	200	300	400	500
ひゃく	にひゃく	さんびゃく	よんひゃく	ごひゃく

600	700	800	900	1,000
ろっぴゃく	ななひゃく	はっぴゃく	きゅうひゃく	せん

1,000	2,000	3,000	4,000	5,000
せん	にせん	さんぜん	よんせん	ごせん

6,000	7,000	8,000	9,000	10,000
ろくせん	ななせん	はっせん	きゅうせん	いちまん

10,000	20,000	30,000	40,000	50,000
いちまん	にまん	さんまん	よんまん	ごまん

60,000	70,000	80,000	90,000	100,000
ろくまん	ななまん	はちまん	きゅうまん	じゅうまん

② いくらですか   얼마입니까?

・この コロッケは いくらですか。 → ひとつ １３０円です。

・一人前、いくらですか。 → ５５４円です。

☑Check 4엔이나 마지막 자리가 4엔일 경우에는 「よえん」이라고 읽습니다.

③ 〜まい   ~장, ~매

1장	2장	3장	4장	5장
いちまい	にまい	さんまい	よんまい	ごまい

6장	7장	8장	9장	10장
ろくまい	ななまい	はちまい	きゅうまい	じゅうまい

몇 장
何枚

・写真 ４まいと さんぽ ３０分で、１３,０００円です。

・大人 ２まいと 子供 １まい、おねがいします。

この 이 | コロッケ (croquette) 고로케 | 〜円 ~엔(일본 통화) | ひとつ 한 개 | 一人前 1인분 | 写真 사진 | 〜と ~와/과 | さんぽ 산책 | 〜分 ~분 | 〜で ~(으)로 | 大人 어른 | 子供 어린이, 아이 | おねがいします 부탁합니다

맛있는 문장 연습

TRACK 08-03

▽ 다음 문장을 따라 말해 보세요.

1 🎤 ▪▪▪

a すしセット は いくらですか。
→ 一人前、１，０００円です。

초밥 세트는 얼마입니까?

→ 1인분, 1,000엔입니다.

b チケット は いくらですか。
→ 大人料金は ８００円で、子供料金は ５００円です。

티켓은 얼마입니까?

→ 어른 요금은 800엔이고, 어린이 요금은 500엔입니다.

2 🎤 ▪▪▪

a １００円のを ひとつ、９０円のを ふたつ ください。

100엔짜리를 한 개, 90엔짜리를 두 개 주세요.

b 大人 ２まいと 子供 ３まい、おねがいします。

어른 두 장과 어린이 세 장, 부탁합니다.

3 🎤 ▪▪▪

a 合計 ６，３００円です。２００円の おかえしです。

다 합해서 6,300엔입니다. 200엔의 거스름돈입니다.

b 合計 １，３００円です。７００円の おかえしです。

다 합해서 1,300엔입니다. 700엔의 거스름돈입니다.

▽ 다음 그림을 보고 와 같이 말해 보세요.

A おすすめの メニューは 何ですか。

B <u>おにぎりセット</u>です。

A いくらですか。

B <u>にひゃくごじゅう</u>円です。

おにぎりセット, 250円

1

オムライス, 560円

2

ピザ, 1,400円

3

すしセット, 1,000円

4

ラーメン, 600円

おすすめ 추천 | メニュー (menu) 메뉴 | 何ですか 무엇입니까? | おにぎり 주먹밥(일본 음식) | セット
(set) 세트 | オムライス (omelet＋rice) 오므라이스 | ピザ (pizza) 피자 | すし 초밥(일본 음식) | ラーメン
(拉面) 라멘(일본 음식), 라면

 맛있는 **회화 연습**

TRACK 08-04

▽ 다음은 테이크아웃 메뉴판입니다. 예와 같이 자유롭게 대화해 보세요.

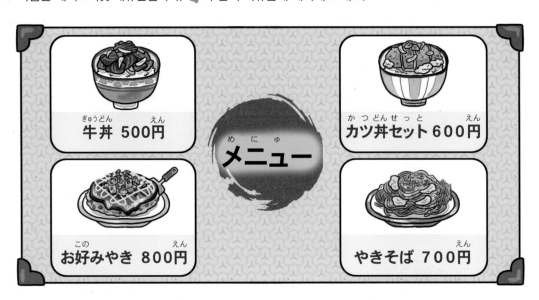

牛丼 500円
メニュー
カツ丼セット 600円
お好みやき 800円
やきそば 700円

예

| 점원 | いらっしゃいませ。 |

손님　すみません。牛丼と お好みやきを ください。

점원　はい、牛丼は ５００円、お好みやきは ８００円、
合計 １,３００円です。

メニュー (menu) 메뉴 | 牛丼 규동(일본 음식), 일본식 소고기 덮밥 | カツ丼 가츠동(일본 음식), 돈가스를 얹은 일본식 덮밥 | お好みやき 오코노미야키(일본 음식), 밀가루에 고기와 채소 등을 넣고 지진 요리 | やきそば 야키소바(일본 음식) | いらっしゃいませ 어서 오세요 | すみません (말을 걸 때) 저기요 | ください 주세요 | 合計 다 합해서, 합계

▽ 다음은 디저트 뷔페 전단지입니다. 내용을 읽고 답해 보세요.

HOTEL SWEET BUFFET

デザート 食べ放題

SPECIAL DAY

2/22

・スペシャルデー・
Open
AM 10:00 ～ PM 8:00

時間：PM 1:00～3:00

料金：大人　　4,500円　→　2,222円
　　　子供　　3,000円　→　2,222円

TEL : 091 - 153 - **** | URL : www.rainbow-cafe.jp

1 다음 밑줄 친 곳에 들어갈 알맞은 말을 쓰세요.

スペシャルデーは 午後 1時から 3時まで 大人も 子供も

＿＿＿＿＿＿円です。

2 다음 ❶～❸ 중에서 가장 적절한 것을 하나 고르세요.

❶ 午後 5時は 大人は 4,500円、子供は 3,000円です。

❷ 午後は 大人も 子供も 4,500円です。

❸ さいきん、デザート食べ放題は 2,222円です。

デザート (dessert) 디저트 | 食べ放題 음식 뷔페 | スペシャルデー (special day) 스페셜 데이 | 時間 시간
| 料金 요금 | 大人 어른 | 子供 어린이, 아이 | ～も ~도 | さいきん 요즘, 최근

맛있는 한자 & 가타카나

▽ 다음 한자와 가타카나를 써 보세요.

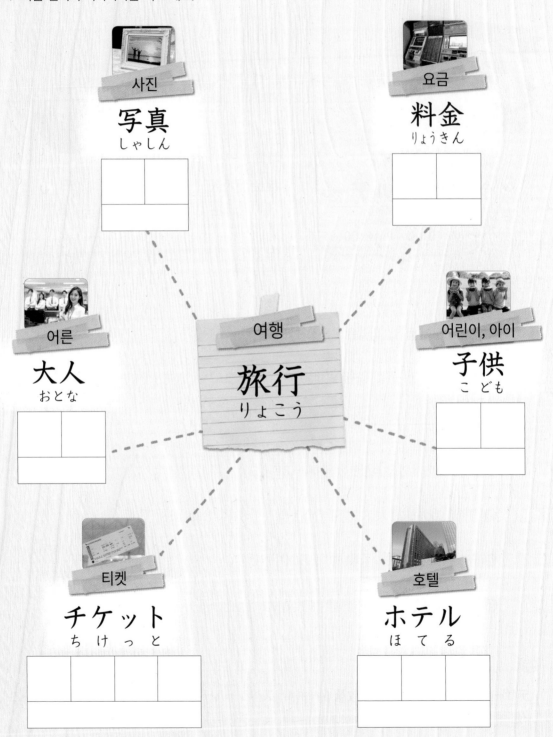

사진
写真
しゃしん

요금
料金
りょうきん

어른
大人
おとな

여행
旅行
りょこう

어린이, 아이
子供
こども

티켓
チケット
ちけっと

호텔
ホテル
ほてる

어휘 다음 한자의 발음으로 올바른 것을 ❶∼❸ 중에서 하나 고르세요.

1

写真

❶ しゃじん

❷ さじん

❸ しゃしん

2

予約

❶ よやく

❷ ようやく

❸ やくそく

3

着物

❶ きもの

❷ ぎもの

❸ さもの

문법 다음 (   )에 들어갈 가장 알맞은 말을 ❶∼❹ 중에서 하나 고르세요.

そちらは ひとつ 100円（ひゃくえん）（   ）、こちらは ９０円（きゅうじゅうえん）です。

❶ と   ❷ も   ❸ で   ❹ の

TRACK 08-05

청취 다음 대화를 듣고 내용에 맞는 그림을 ❶∼❸ 중에서 하나 고르세요.

❶

❷

❸

눈으로 맘껏즐기는 **일본 여행 & 문화**

교토, 니시키시장

니시키시장(錦市場)은 '교토의 부엌'이라고 불릴 정도로 옛날부터 교토의 식문화를 이끌어 온 전통 시장입니다. 교토의 제철 식재료를 사용한 음식은 시장을 걸어다니면서 먹을 수 있도록 판매되고 있어서 관광객들에게 인기가 많습니다.

[교통]
지하철 가라스마선 시죠역에서 도보 약 3분

일본 통화의 종류가 궁금하다!

일본 여행을 갈 때 꼭 필요한 게 환전입니다. 일본 통화는 엔(円, ¥)인데, 구체적으로 어떤 종류가 있는지 한번 살펴볼까요?

동전은 금액이 큰 쪽에서부터 500엔, 100엔, 50엔, 10엔, 5엔, 1엔, 이렇게 여섯 종류가 있습니다.

지폐는 금액이 큰 쪽에서부터 10,000엔, 5,000엔, 2,000엔, 1,000엔, 이렇게 네 종류가 있습니다.

2,000엔은 2000년에 발행된 지폐인데, 현재는 유통이 적은 편입니다.

09

<ruby>大宰府<rt>だ ざ い ふ</rt></ruby>の <ruby>有名<rt>ゆうめい</rt></ruby>な おみやげです。

다자이후의 유명한 여행 선물입니다.

이번 과의 여행지는?

규슈

규슈, 후쿠오카, 다자이후 <ruby>九州<rt>きゅうしゅう</rt></ruby>, <ruby>福岡<rt>ふくおか</rt></ruby>, <ruby>大宰府<rt>だ ざ い ふ</rt></ruby>

후쿠오카는 한국에서 가장 가까운 일본 도시입니다. 후쿠오카 여행의 매력은 공항과 도시의 중심부가 아주 가까워서 시내로 이동하기가 편리하다는 점입니다.

이번 과의 포인트는?

Study

な형용사 표현을 활용 해서 설명하거나 취향에 대해 말할 수 있습니다.

Travel

후쿠오카, 다자이후의 매력에 대해 알 수 있습 니다.

Culture

일본 신사에 대해 알 수 있습니다.

맛있는 회화

TRACK 09-01

※ 후쿠오카, 다자이후에서 세영(セヨン)이 사토시(さとし)에게 가게 과자에 대해 물어보고 있습니다.

セヨン 田中さん、あれは 何ですか。

さとし うめがえもちです。大宰府の 有名な おみやげです。

キムさんは もちが 好きですか。

セヨン あまり 好きじゃ ありません。

もちより ケーキの 方が 好きです。

「うめがえもち」는 팥
소를 넣은 찹쌀떡인
데, 겉이 살짝 구워져
있는 다자이후 명물
입니다.

낱말과 표현

あれ 그것 | うめがえもち 우메가에모치(다자이후 특산물) | 大宰府 다자이후(후쿠오카) | 有名な 나형 유명한
| おみやげ 여행 선물 | もち 떡 | ~が 好きですか 나형 ~을/를 좋아합니까? | あまり 별로, 그다지 | 好きじゃ
ありません 나형 좋아하지 않습니다 | ~より ~보다 | ケーキ (cake) 케이크 | ~の 方 ~쪽, ~편

✳ 후쿠오카, 덴진에서 세영(セヨン)과 사토시(さとし)가 행선지에 가는 방법에 대해 이야기하고 있습니다.

セヨン　あ、あそこに 天神の 地図が あります。

- 지도 간판 앞에서 -

さとし　天神駅は ここですね。

セヨン　博多まで バスと 電車、どちらが 便利ですか。

さとし　バスの 方が 便利です。

「天神」、「博多」는 후쿠오카 중심부에 있는 번화가입니다.

낱말과 표·현

あそこ 저기 | **天神** 덴진(후쿠오카) | **地図** 지도 | **天神駅** 덴진역(후쿠오카) | **ここ** 여기 | **~ですね** ~군요, ~네요 | **博多** 하카타(후쿠오카) | **~まで** ~까지 | **バス(bus)** 버스 | **~と** ~와/과 | **電車** 전철 | **どちら** 어느 쪽 | **便利ですか** な형 편리합니까? | **~の 方** ~쪽, ~편

맛있는 문법

1 な형용사의 활용

분류	な형용사의 활용 방법	예
기본형	~だ	有名だ 유명하다
정중형	~だ+です	有名です 유명합니다
부정형	~だ+じゃ ありません	有名じゃ ありません 유명하지 않습니다
명사 수식형	~だ→な + 명사	有名な 温泉 유명한 온천

2 (な형용사) ~だ+です　　　~ㅂ니다

· キムさんは もちが 好きです。[好きだ]

· この 空港は 毎日 とても にぎやかです。[にぎやかだ]

もち 떡 | 好きだ 〔な형〕 좋아하다 | 空港 공항 | 毎日 매일 | とても 아주, 매우 | にぎやかだ 〔な형〕 번화하다, 활기차다

120

③ (な형용사) ~だ + じゃ ありません   ~지 않습니다

- わたしは もちが あまり 好きじゃ ありません。[好きだ]

- 佐藤さんは 中国語が 上手じゃ ありません。[上手だ]

☑ Check [유사 표현] ~じゃ ないです

④ (な형용사) ~だ → な + 명사   ~ㄴ

- これは 大宰府の 有名な おみやげです。[有名だ]

- 静かな ホテルは どこですか。[静かだ]

 잠깐 TIP
とても(아주, 매우)와 あまり(별로, 그다지)의 쓰임

★ここは 交通が とても 便利です。
여기는 교통이 아주 편리합니다.

★あそこは 交通が あまり 便利じゃ ありません。
저기는 교통이 별로 편리하지 않습니다.

もち 떡 | あまり 별로, 그다지 | 好きだ な형 좋아하다 | 中国語 중국어 | 上手だ な형 잘하다 | 大宰府
다자이후(후쿠오카) | 有名だ な형 유명하다 | おみやげ 여행 선물 | 静かだ な형 조용하다 | ホテル (hotel)
호텔 | どこ 어디

5 ～と ～、どちらが ～ですか

～와/과 ～, 어느 쪽이 ~ㅂ니까?

・博多まで バスと 電車、どちらが 便利ですか。

・日本語と 英語、どちらが 簡単ですか。

・この 店と その 店、どちらが 好きですか。

6 ～より ～の 方が ～です

～보다 ~쪽/편이 ~ㅂ니다

・もちより ケーキの 方が 好きです。

・英語より 日本語の 方が 上手です。

・バスより タクシーの 方が 便利です。

博多 하카타(후쿠오카) | ～まで ~까지 | バス (bus) 버스 | 電車 전철 | どちら 어느 쪽 | 便利だ な형 편리하다 | 英語 영어 | 簡単だ な형 간단하다 | 店 가게 | 好きだ な형 좋아하다 | もち 떡 | ケーキ (cake) 케이크 | 上手だ な형 잘하다 | タクシー (taxi) 택시

🍴 외워 두면 좋은 な형용사

有名^{ゆうめい}だ	유명하다	きれいだ	예쁘다, 깨끗하다
便利^{べんり}だ	편리하다	まじめだ	성실하다
不便^{ふべん}だ	불편하다	好^すきだ	좋아하다
簡単^{かんたん}だ	간단하다	きらいだ	싫어하다
静^{しず}かだ	조용하다	上手^{じょうず}だ	잘하다
にぎやかだ	번화하다, 활기차다	下手^{へた}だ	못하다

잠깐! TIP

해석할 때 주의해야 하는 な형용사

★ ~が 好^すきです(きらいです) ~을/를 좋아합니다(싫어합니다)

예 料理^{りょうり}が 好^すきです。(O) 요리를 좋아합니다.

料理^{りょうり}を 好^すきです。(X)

★ ~が 上手^{じょうず}です(下手^{へた}です) ~을/를 잘합니다(못합니다)

예 日本語^{にほんご}が 上手^{じょうず}です。(O) 일본어를 잘합니다.

日本語^{にほんご}を 上手^{じょうず}です。(X)

맛있는 **문장 연습**

TRACK 09-03

▽ 다음 문장을 따라 말해 보세요.

---

1 🎤 ■■■

a 福岡は とんこつラーメンが とても 有名です。

후쿠오카는 돈코츠라면이 아주 유명합니다.

b 英語が あまり 上手じゃ ありません。

영어를 별로 잘하지 못합니다.

---

2 🎤 ■■■

a 好きな 歌手は だれですか。

좋아하는 가수는 누구입니까?

b きれいな 服ですね。

예쁜 옷이네요.

---

3 🎤 ■■■

a 日本語と 中国語、どちらが 簡単ですか。

일본어와 중국어, 어느 쪽이 간단합니까?

b 田中さんと 佐藤さん、どちらが まじめですか。

다나카 씨와 사토 씨, 어느 쪽이 성실합니까?

---

4 🎤 ■■■

a もちより ケーキの 方が 好きです。

떡보다 케이크 쪽을 좋아합니다.

b お水より お茶の 方が 好きです。

물보다 차 쪽을 좋아합니다.

▽ 다음 그림을 보고 예와 같이 말해 보세요.

예

A この 問題は 簡単ですか。

B → はい、とても 簡単です。

→ いいえ、あまり 簡単じゃ ありません。

この 問題, 簡単だ

1

ここの 交通, 便利だ

2

あの デパート, にぎやかだ

3

その 飛行機, 有名だ

4

あそこの デザート, 好きだ

この 이 | 問題 문제 | 簡単だ [な형] 간단하다 | とても 아주, 매우 | あまり 별로, 그다지 | ここ 여기 | 交通 교통 | 便利だ [な형] 편리하다 | デパート (department store) 백화점 | にぎやかだ [な형] 번화하다, 활기차다 | 飛行機 비행기 | 有名だ [な형] 유명하다 | あそこ 저기 | デザート (dessert) 디저트 | 好きだ [な형] 좋아하다

TRACK 09-04

▽ 다음은 선호도에 관한 설문지입니다. 예와 같이 자유롭게 대화해 보세요.

どちらが 好^すきですか。

(1) ☐ バス^{ばす}　☐ タクシー^{たくし}　　(2) ☐ 朝^{あさ}　☐ 夜^{よる}

(3) ☐ そば　☐ ラーメン^{らめん}　　(4) ☐ コーヒー^{こひ}　☐ ジュース^{じゅす}

예

A バス^{ばす}と タクシー^{たくし}、どちらが 好^すきですか。

B バス^{ばす}より タクシー^{たくし}の 方^{ほう}が 好^すきです。キム^{きむ}さんは？

A わたしも バス^{ばす}より タクシー^{たくし}の 方^{ほう}が 好^すきです。

どちら 어느 쪽 | 好^すきだ [な형] 좋아하다 | バス^{ばす} (bus) 버스 | タクシー^{たくし} (taxi) 택시 | 朝^{あさ} 아침 | 夜^{よる} 저녁, 밤 | そば 소바(일본 음식), 메밀국수 | ラーメン^{らめん} (拉面) 라멘(일본 음식), 라면 | コーヒー^{こひ} (coffee) 커피 | ジュース^{じゅす} (juice) 주스

126

▽ 다음은 나카야마 씨와 크리스 씨의 자기소개 카드입니다. 내용을 읽고 답해 보세요.

じこしょうかい カード

	中山美香 なかやまみか	クリス くりす
仕事 しごと	バリスタ	デザイナー
好きな 食べ物 すきな たべもの	そば	とんカツ
きらいな 食べ物 たべもの	もち	ケーキ
どちらが おすすめ？	~~タイ料理~~・フランス料理 たいりょうり ふらんすりょうり	タイ料理・~~フランス料理~~ たいりょうり ふらんすりょうり

1 다음 밑줄 친 곳에 들어갈 알맞은 말을 쓰세요.

　　クリスさんの 仕事は ＿＿＿＿＿＿＿です。
　　　くりす　　しごと

2 다음 ❶～❸ 중에서 가장 적절한 것을 하나 고르세요.

　❶ 中山さんは もちが あまり 好きじゃ ありません。
　　　なかやま　　　　　　　　すき

　❷ クリスさんは もちより ケーキの 方が 好きです。
　　　くりす　　　　　　　けき　　ほう　す

　❸ 中山さんも クリスさんも タイ料理が 好きです。
　　　なかやま　　くりす　　　たいりょうり　す

じこしょうかい 자기소개 | カード (card) 카드 | 仕事 일, 직업 | デザイナー (designer) 디자이너 | 好きだ [な형]
좋아하다 | 食べ物 음식 | そば 소바(일본 음식), 메밀국수 | とんカツ 돈가스(일본 음식) | きらいだ [な형] 싫어하다
| もち 떡 | ケーキ (cake) 케이크 | どちら 어느 쪽 | おすすめ 추천 | タイ料理 (Thai) 태국 요리 | フランス
料理 (France) 프랑스 요리 | あまり 별로, 그다지 | ～も ~도

맛있는 한자 & 가타카나

▽ 다음 한자와 가타카나를 써 보세요.

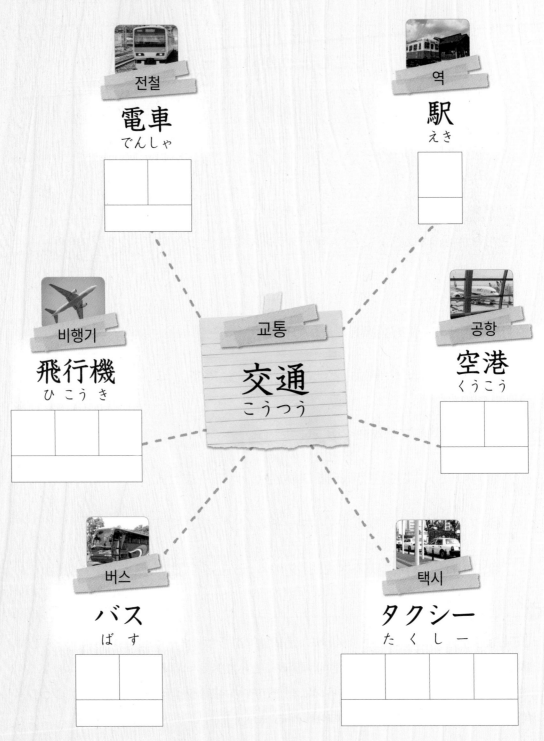

전철
電車
でんしゃ

역
駅
えき

비행기
飛行機
ひこうき

교통
交通
こうつう

공항
空港
くうこう

버스
バス
ばす

택시
タクシー
たくしー

맛있는 확인 문제

어휘 다음 한자의 발음으로 올바른 것을 ❶~❸ 중에서 하나 고르세요.

1

交通

❶ こつう
❷ こうつう
❸ きょうつう

2

電車

❶ じてんしゃ
❷ てんじゃ
❸ でんしゃ

3

飛行機

❶ きこうき
❷ ひこうき
❸ びこうき

문법 다음 (1), (2)에 순서대로 들어갈 가장 알맞은 말을 ❶~❹ 중에서 하나 고르세요.

> もち(1) ケーキの 方_{ほう}(2) 好_すきです。

❶ より, を　　　❷ より, が　　　❸ が, より　　　❹ を, が

TRACK 09-05

청취 다음 대화를 듣고 내용에 맞는 그림을 ❶~❸ 중에서 하나 고르세요.

❶

❷

❸

눈으로 맘껏즐기는 일본 여행 & 문화

후쿠오카, 다자이후 덴만구

다자이후 덴만구(太宰府天満宮)는 10세기 학자인 스가와라노 미치자네(菅原道真)를 모신 신사입니다. 스가와라노 미치자네는 일본에서는 '학문의 신'으로 알려져 있기 때문에 매년 많은 수험생들이 합격 기원을 하러 이곳을 찾아갑니다.

[교통]
니시테츠 다자이후역에서 도보 약 5분

일본 신사, 그것이 궁금하다!

일본에 수많은 신사가 있는 것은 예부터 사람의 영혼부터 자연 속 만물까지 신의 대상으로 여겨 왔기 때문입니다. 그런 신들을 모시고 있는 곳이 신사인데, 구체적으로 어떤 곳인지 한번 살펴볼까요?

도리이(鳥居)는 신의 영역으로 들어가는 입구입니다. 도리이의 주홍색에는 재앙을 막는 뜻이 있다고 합니다.

초즈야(手水舍)는 참배하기 전에 손을 씻고, 입 안을 헹궈서 심신을 깨끗이 하기 위한 곳입니다.

하츠모데(初詣)는 새해가 밝아서 처음으로 신사나 절에 가서 새해도 좋은 해가 되도록 기원하는 것을 말합니다.

10

チャーシューが<ruby>多<rt>おお</rt></ruby>いです。
^{ちゃ}^{しゅ}

차슈가 많습니다.

이번 과의 여행지는?

규슈

규슈, 후쿠오카, 덴진 九州, 福岡, 天神
きゅうしゅう ふくおか てんじん

후쿠오카에는 규슈 최대 도시답게 관광객에게 인기가 있는 번화가들이 있습니다. 하카타와 덴진이 유명한데, 두 곳은 지하철로 약 9분 정도 거리에 있어서 아주 가깝습니다.

이번 과의 포인트는?

Study

い형용사 표현을 활용해서 설명하거나 갖고 싶은 것에 대해 말할 수 있습니다.

Travel

후쿠오카, 덴진의 매력에 대해 알 수 있습니다.

Culture

일본 음식 중에서 대표적인 면 요리에 대해 알 수 있습니다.

맛있는 회화

✳ 후쿠오카, 덴진의 라면 가게에서 리나(りな)와 폴(ポール)이 메뉴를 고르고 있습니다.

りな　わたしは とんこつラーメン……、あ、これも いいですね。

ポール　チャーシューめんですか。

りな　はい。とても おいしいですよ。

　　　とんこつラーメンより チャーシューが 多いです。

ポール　９５０円？ 高いですね。

「とんこつラーメン」은 후쿠오카 대표 음식인데, 돼지뼈 육수에 가는 면을 넣은 라면입니다.

「チャーシュー」는 원래는 중국 음식인데, 일본에서는 간장 등으로 삶은 돼지고기를 말합니다.

낱말과 표현

とんこつラーメン (拉面) 돈코츠라면(일본 음식) | 〜も ~도 | いいです い형 좋습니다 | 〜ですね ~군요, ~네요 | チャーシューめん (叉燒面) 차슈면(일본 음식), 토핑으로 차슈를 많이 올린 라면 | とても 아주, 매우 | おいしいです い형 맛있습니다 | 〜ですよ ~거든요 | 〜より 보다 | チャーシュー (叉燒) 차슈(중국, 일본 음식) | 多いです い형 많습니다 | 高いです い형 비쌉니다

✲ 후쿠오카, 덴진에 있는 편의점에 리나(りな)와 폴(ポール)이 디저트를 사러 왔습니다.

りな　ポールさん、どんな デザートが いいですか。

ポール　チョコが 多い デザートが ほしいです。

りな　じゃ、この ケーキは どうですか。
　　　２５５円です。

ポール　２５５円？ あまり 高く ありませんね。

낱말과 표현

どんな 어떤 | デザート (dessert) 디저트 | いいですか い형 좋습니까? | チョコ (chocolate) 초코 | 多い い형 많다 | 〜が ほしいです い형 ~을/를 원합니다, 갖고 싶습니다 | じゃ 그럼, 그러면 | どうですか 어떻습니까? | あまり 별로, 그다지 | 高く ありません い형 비싸지 않습니다

맛있는 문법

1 い형용사의 활용

분류	い형용사의 활용 방법	예
기본형	〜 い	おいしい 맛있다
정중형	〜 い + です	おいしいです 맛있습니다
부정형	〜 い + く ありません	おいしく ありません 맛있지 않습니다
명사 수식형	〜 い + 명사	おいしい 料理 맛있는 요리

2 (い형용사) 〜 い + です ~ㅂ니다

· チャーシューめんは とても おいしいです。[おいしい]

· 日本旅行は どうですか。 → とても 楽しいです。[楽しい]

· この アパートは 台所が せまいです。[せまい]

チャーシューめん (叉焼面) 차슈면(일본 음식), 토핑으로 차슈를 많이 올린 라면 | とても 아주, 매우 |
おいしい い형 맛있다 | 旅行 여행 | どうですか 어떻습니까? | 楽しい い형 즐겁다 | アパート
(apartment house) 아파트 | 台所 부엌 | せまい い형 좁다

③ (い형용사) 〜~~い~~ + く ありません ~지 않습니다

- この ケーキは あまり 高く ありません。[高い]
- わたしの 家は 家具が 多く ありません。[多い]

☑ Check [유사 표현] 〜く ないです

④ (い형용사) 〜い + 명사 ~ㄴ

- チョコが 多い デザートが ほしいです。[多い]
- 今日の メニューは おいしい カレーですね。[おいしい]

> **잠깐 TIP**
> 문장 끝의 「ですね」와 「ですよ」의 차이
>
> ★ とんこつラーメンは おいしいですね。 돈코츠라면은 맛있네요.
> 상대방도 아는 사실에 대해 확인하거나 동의를 구할 때(~군요, ~네요)
>
> ★ とんこつラーメンは おいしいですよ。 돈코츠라면은 맛있어요.
> 상대방에게 어떠한 정보를 알리거나 단순하게 강조할 때(~(이)에요)

ケーキ (cake) 케이크 | あまり 별로, 그다지 | 高い い형 비싸다 | 家 집 | 家具 가구 | 多い い형 많다 |
チョコ (chocolate) 초코 | デザート (dessert) 디저트 | 〜が ほしい い형 ~을/를 원하다, 갖고 싶다 | 今日
오늘 | メニュー (menu) 메뉴 | おいしい い형 맛있다 | カレー (curry) 카레

5 どんな ～が ～ですか   어떤 ~이/가 ~ㅂ니까?

・どんな デザートが いいですか。

・どんな 料理が 好きですか。

6 ～が ほしいです   ~을/를 원합니다, 갖고 싶습니다

・どんな 家が ほしいですか。

→ 庭が 広い 家が ほしいです。

> **잠깐 TIP**
> 상대방의 생각을 묻는 표현 「～は どうですか(~는 어떻습니까?)」
>
> ★この ケーキは どうですか。 이 케이크는 어떻습니까?
> ★東京の マンションは どうですか。 도쿄 맨션은 어떻습니까?

料理 요리 | いい い형 좋다 | 好きだ な형 좋아하다 | 家 집 | 庭 정원, 마당 | 広い い형 넓다 | マンション
(mansion) 맨션

🍴 외워 두면 좋은 い형용사

高<small>たか</small>い	비싸다, 높다	多<small>おお</small>い	많다
安<small>やす</small>い	싸다	少<small>すく</small>ない	적다
背<small>せ</small>が 高<small>たか</small>い	키가 크다	広<small>ひろ</small>い	넓다
背<small>せ</small>が 低<small>ひく</small>い	키가 작다	せまい	좁다
おいしい	맛있다	むずかしい	어렵다
まずい	맛없다	楽<small>たの</small>しい	즐겁다
いい(よい)	좋다	おもしろい	재미있다
悪<small>わる</small>い	나쁘다	かしこい	현명하다
大<small>おお</small>きい	크다	やさしい	상냥하다, 자상하다
小<small>ちい</small>さい	작다	かわいい	귀엽다

잠깐 TIP
주의해야 하는 「いい(よい)」의 활용

★ いいです (O)
좋습니다

よいです (O)
좋습니다

★ いく ありません (X)

よく ありません (O)
좋지 않습니다

★ いい 部屋<small>へや</small> (O)
좋은 방

よい 部屋<small>へや</small> (O)
좋은 방

▽ 다음 문장을 따라 말해 보세요.

---

1 🎤 ◼◼◼

a この 料理<small>りょうり</small>は とても おいしいです。

이 요리는 아주 맛있습니다.

b 日本旅行<small>にほんりょこう</small>は とても 楽<small>たの</small>しいです。

일본 여행은 아주 즐겁습니다.

---

2 🎤 ◼◼◼

a この 映画<small>えいが</small>は あまり おもしろく ありません。

이 영화는 별로 재미있지 않습니다.

b この ホテルの 部屋<small>へや</small>は よく ありません。

이 호텔 방은 좋지 않습니다.

---

3 🎤 ◼◼◼

a おいしい ラーメン<small>らめん</small>が とても 好<small>す</small>きです。

맛있는 라면을 아주 좋아합니다.

b とても 広<small>ひろ</small>い 部屋<small>へや</small>ですね。

아주 넓은 방이네요.

---

4 🎤 ◼◼◼

a どんな カメラ<small>かめら</small>が ほしいですか。

어떤 카메라를 갖고 싶습니까?

→ 高<small>たか</small>い カメラ<small>かめら</small>が ほしいです。

→ 비싼 카메라를 갖고 싶습니다.

맛있는 응용 연습

▽ 다음 그림을 보고 **예**와 같이 말해 보세요.

예

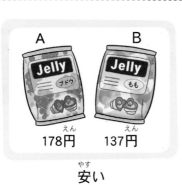

A　A と B、どちらが <u>安い</u>ですか。
B　<u>B</u> の 方が <u>安い</u>です。

178円　137円

安い

1

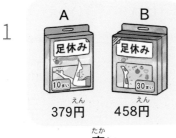

379円　458円

高い

2

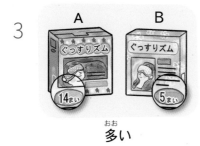

おいしい

3

14まい　5まい

多い

4

A　B

むずかしい

~と ~와/과 | どちら 어느 쪽 | 安い い형 싸다 | 高い い형 비싸다 | おいしい い형 맛있다 | 多い い형 많다 |
むずかしい い형 어렵다

 **맛있는 회화 연습**

▽ 다음은 후쿠오카 여행에 관한 설문지입니다. 예와 같이 자유롭게 대화해 보세요.

Welcome to FUKUOKA ▼

<ruby>福岡<rt>ふくおか</rt></ruby>は どうですか。

*○を おねがいします。

(1) <ruby>福岡旅行<rt>ふくおかりょこう</rt></ruby>は <ruby>楽<rt>たの</rt></ruby>しいですか。　　　　☐ はい　　☐ いいえ

(2) <ruby>食<rt>た</rt></ruby>べ<ruby>物<rt>もの</rt></ruby>は おいしいですか。　　　　☐ はい　　☐ いいえ

(3) <ruby>交通<rt>こうつう</rt></ruby>は <ruby>便利<rt>べんり</rt></ruby>ですか。　　　　☐ はい　　☐ いいえ

(4) ホテルの <ruby>部屋<rt>へや</rt></ruby>は <ruby>広<rt>ひろ</rt></ruby>いですか。　　☐ はい　　☐ いいえ

예

A　<ruby>福岡旅行<rt>ふくおかりょこう</rt></ruby>は <ruby>楽<rt>たの</rt></ruby>しいですか。

B　はい、とても <ruby>楽<rt>たの</rt></ruby>しいです。

A　ホテルの <ruby>部屋<rt>へや</rt></ruby>は <ruby>広<rt>ひろ</rt></ruby>いですか。

B　いいえ、あまり <ruby>広<rt>ひろ</rt></ruby>く ありません。

<ruby>福岡<rt>ふくおか</rt></ruby> 후쿠오카 | どうですか 어떻습니까? | <ruby>旅行<rt>りょこう</rt></ruby> 여행 | <ruby>楽<rt>たの</rt></ruby>しい い형 즐겁다 | <ruby>食<rt>た</rt></ruby>べ<ruby>物<rt>もの</rt></ruby> 음식 | おいしい い형 맛있다 | <ruby>交通<rt>こうつう</rt></ruby> 교통 | <ruby>便利<rt>べんり</rt></ruby>だ な형 편리하다 | ホテル (hotel) 호텔 | <ruby>部屋<rt>へや</rt></ruby> 방 | <ruby>広<rt>ひろ</rt></ruby>い い형 넓다

▽ 다음은 이노우에 씨가 사는 맨션의 광고입니다. 내용을 읽고 답해 보세요.

1　다음 밑줄 친 곳에 들어갈 알맞은 말을 쓰세요.

　　井上さんの 家は ＿＿＿＿＿が 広いです。

2　다음 ❶～❸ 중에서 가장 적절한 것을 하나 고르세요.

　❶ 井上さんの 家は 庭が あります。

　❷ 井上さんの 家は 交通が とても 便利です。

　❸ 井上さんの 家は あまり 高く ありません。

福岡 후쿠오카 | マンション (mansion) 맨션 | 便利だ な형 편리하다 | 駅 역 | ~まで ~까지 | トイレ (toilet)
화장실 | きれいだ な형 깨끗하다 | 台所 부엌 | 部屋 방 | 広い い형 넓다 | 家 집 | 庭 정원, 마당 | 交通 교통 |
とても 아주, 매우 | あまり 별로, 그다지 | 高い い형 비싸다

맛있는 한자 & 가타카나

▽ 다음 한자와 가타카나를 써 보세요.

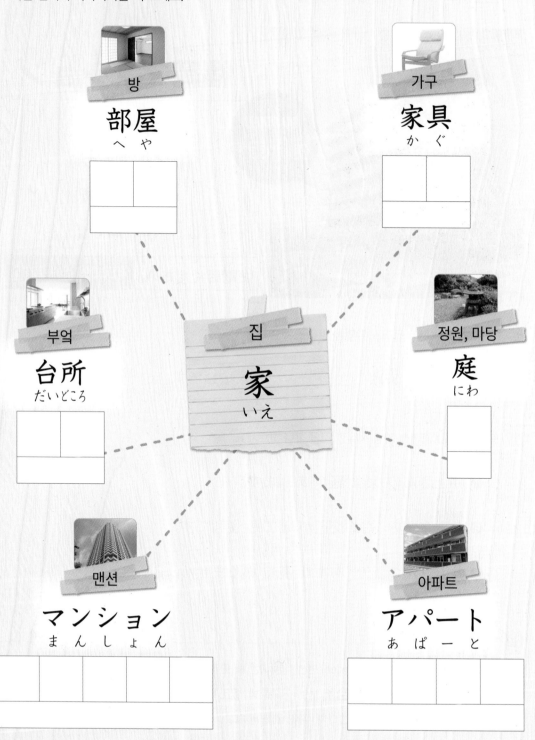

방
部屋
へや

가구
家具
かぐ

부엌
台所
だいどころ

집
家
いえ

정원, 마당
庭
にわ

맨션
マンション
まんしょん

아파트
アパート
あぱーと

어휘 다음 한자의 발음으로 올바른 것을 ❶~❸ 중에서 하나 고르세요.

1

家

❶ いえ

❷ うえ

❸ りえ

2

部屋

❶ へや

❷ べや

❸ へあ

3

庭

❶ なわ

❷ いわ

❸ にわ

문법 다음 (1), (2)에 순서대로 들어갈 가장 알맞은 말을 ❶~❹ 중에서 하나 고르세요.

> デザートは　チョコが（ 1 ）ケーキ（ 2 ）ほしいです。
> (でざーと) (ちょこ) (けーき)

❶ より, おおい　　❷ おおいです, が　　❸ おおく, を　　❹ おおい, が

청취 다음 대화를 듣고 내용에 맞는 그림을 ❶~❸ 중에서 하나 고르세요.

TRACK 10-05

❶

❷

❸

후쿠오카, 덴진

덴진(天神)은 '천둥을 일으키는 신'이라는 뜻으로 지난 과에 등장한 다자이후 덴만구(太宰府天満宮)의 신인 '스가와라노 미치자네(菅原道真)'를 뜻합니다. 또 덴진은 저녁이 되면 주변에 일본식 포장마차가 늘어서는 곳으로도 유명합니다.

[교통]
지하철 공항선 덴진역에서 하차

일본을 대표하는 면 요리가 궁금하다!

일본에서도 면 요리는 인기 있는 메뉴입니다. 그런 면 요리 중 일본을 대표하는 것으로 어떤 것이 있는지 살펴볼까요?

라멘(ラーメン)은 국물 맛과 면 굵기에 따라 종류가 달라지는데, 지역 음식으로도 유명합니다.

소바(そば)는 면이 가늘고 길기 때문에 장수를 연상시키는 음식으로 새해가 밝기 전에 먹는 풍습이 있습니다.

우동(うどん)은 토핑이나 국물 맛으로 종류가 달라지는데, 특히 국물 맛은 지역 차이가 있습니다.

11

ふり ぱす やす べんり
フリーパスが 安くて 便利ですよ。
프리패스가 싸고 편리합니다.

이번 과의 여행지는?

규슈, 오이타, 벳푸 九州, 大分, 別府
きゅうしゅう おおいた べっぷ

오이타는 규슈에서 시코쿠에 가장 가까운 규슈 북부 지역입니다. 벳푸온천을 비롯한 온천과 산, 바다 등 자연을 함께 즐길 수 있는 곳입니다.

규슈

이번 과의 포인트는?

Study

날짜 표현과 な・い형용사의 연결형을 활용해서 일정이나 구체적인 설명에 대해 말할 수 있습니다.

Travel

오이타, 벳푸온천의 매력에 대해 알 수 있습니다.

Culture

일본 온천에 대해 알 수 있습니다.

※ 그레이스(グレース)가 승준(スンジュン)에게 벳부 여행 일정에 대해 물어보고 있습니다.

グレース 来月は 別府旅行ですね。 出発は いつですか。

スンジュン ９月 ２０日、 金曜日です。

グレース 旅行は いつまでですか。

スンジュン ２４日までです。

「別府」에는 직접 들어가는 온천 외에 눈으로 즐기는 온천도 있습니다.

낱말과 표현 🍴

来月 다음 달 | 別府 벳푸(오이타) | 旅行 여행 | ～ですね ~군요, ~네요 | 出発 출발 | いつ 언제 | ～月 ~월 | ～日 ~일 | 金曜日 금요일 | ～まで ~까지

146

✽ 오이타, 벳푸에서 승준(スンジュン)과 리나(りな)가 온천 여관에 대한 이야기를 나누고 있습니다.

スンジュン この 旅館は 温泉が きれいで いいですね。

りな はい。ここは 足湯が 有名で サウナも 人気です。

スンジュン 明日の 観光は 電車ですか。

りな いいえ、バスです。九州観光は この フリーパスが
安くて 便利ですよ。

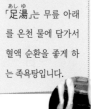

「足湯」는 무릎 아래를 온천 물에 담가서 혈액 순환을 좋게 하는 족욕탕입니다.

낱말과 표현

この 이 | 旅館 여관 | 温泉 온천 | きれいで [な형] 깨끗해서 | いいですね [い형] 좋군요, 좋네요 | ここ 여기 | 足湯 족욕(탕) | 有名で [な형] 유명하고 | サウナ (sauna) 사우나 | 〜も ~도 | 人気 인기 | 明日 내일 | 観光 관광 | 電車 전철 | バス (bus) 버스 | フリーパス (free pass) 프리패스 | 安くて [い형] 싸고 | 便利ですよ [な형] 편리합니다

1 〜月 〜日　~월 ~일

1 〜月 ~월

1월	2월	3월	4월	5월
いちがつ	にがつ	さんがつ	しがつ	ごがつ

6월	7월	8월	9월	10월
ろくがつ	しちがつ	はちがつ	くがつ	じゅうがつ

11월	12월	몇 월
じゅういちがつ	じゅうにがつ	何月

2 〜日 ~일

일	월	화	수	목	금	토
	1	2	3	4	5	6
	ついたち	ふつか	みっか	よっか	いつか	むいか
7	8	9	10	11	12	13
なのか	ようか	ここのか	とおか	じゅういちにち	じゅうににち	じゅうさんにち
14	15	16	17	18	19	20
じゅうよっか	じゅうごにち	じゅうろくにち	じゅうしちにち	じゅうはちにち	じゅうくにち	はつか
21	22	23	24	25	26	27
にじゅういちにち	にじゅうににち	にじゅうさんにち	にじゅうよっか	にじゅうごにち	にじゅうろくにち	にじゅうしちにち
28	29	30	31	며칠		
にじゅうはちにち	にじゅうくにち	さんじゅうにち	さんじゅういちにち	何日		

2 曜日 （ようび）　　　　　　　　　　　　　　요일

일요일	월요일	화요일	수요일	목요일	금요일	토요일
日曜日 （にちようび）	月曜日 （げつようび）	火曜日 （かようび）	水曜日 （すいようび）	木曜日 （もくようび）	金曜日 （きんようび）	土曜日 （どようび）

무슨 요일
何曜日 （なんようび）

3 날짜 관련 표현

그제	어제	오늘	내일	모레
おととい	昨日 （きのう）	今日 （きょう）	明日 （あした）	あさって

지지난 주	지난주	이번 주	다음 주	다음다음 주
せんせんしゅう	先週 （せんしゅう）	今週 （こんしゅう）	来週 （らいしゅう）	さらいしゅう

지지난달	지난달	이번 달	다음 달	다음다음 달
せんせんげつ	先月 （せんげつ）	今月 （こんげつ）	来月 （らいげつ）	さらいげつ

4 いつ　언제

・出発(しゅっぱつ)は いつですか。

・旅行(りょこう)は いつまでですか。

・お誕生日(たんじょうび)は いつですか。

5 な・い형용사의 て형(연결형)　~아/어/여서, ~고

기본형	て형의 활용 방법	예
便利(べんり)だ 편리하다	～だ＋で	フリーパス(ふりぱす)が 便利(べんり)で いいです。 프리패스가 편리해서 좋습니다.
おいしい 맛있다	～い＋くて	料理(りょうり)が おいしくて 安(やす)いです。 요리가 맛있고 쌉니다.
★いい 좋다	よくて（O） いくて（X）	天気(てんき)が よくて けしきも きれいですね。 날씨가 좋고 경치도 예쁘네요.

・ここは 足湯(あしゆ)が 有名(ゆうめい)で サウナ(さうな)も 人気(にんき)です。

・わたしは やさしくて かわいい タイプ(たいぷ)が 好(す)きです。

出発(しゅっぱつ) 출발 | 旅行(りょこう) 여행 | お誕生日(たんじょうび) 생일(정중한 표현) | 天気(てんき) 날씨 | けしき 경치 | 足湯(あしゆ) 족욕(탕) | 有名(ゆうめい)だ [な형] 유명하다 | サウナ(さうな) (sauna) 사우나 | ～も ~도 | 人気(にんき) 인기 | やさしい [い형] 상냥하다, 자상하다 | かわいい [い형] 귀엽다 | タイプ(たいぷ) (type) 타입 | 好(す)きだ [な형] 좋아하다

🍴 あなたの 好きな タイプは？

▽ 다음 그림을 보고 빈칸에 な·い형용사의 て형(연결형)을 히라가나로 써 보세요.

1 背が たかい・やさしい

背が ☐☐☐☐ やさしい タイプが

好きです。

2 頭が いい・まじめだ

頭が ☐☐☐ まじめな タイプが 好きです。

3 やすい・チャーシューが 多い

☐☐☐☐ チャーシューが 多い タイプが

好きです。

4 交通が べんりだ・部屋が 広い

交通が ☐☐☐☐ 部屋が 広い タイプが

好きです。

정답　　　　　　　1>たかくて　2>よくて　3>やすくて　4>べんりで

맛있는 문장 연습

▽ 다음 문장을 따라 말해 보세요.

---

1 🎤 ▢▢▢

a また 明日。

내일 또 (만나요).

b 今日は 何月 何日 何曜日ですか。

오늘은 몇 월 며칠 무슨 요일입니까?

→ 5月 1日 月曜日です。

→ 5월 1일 월요일입니다.

---

2 🎤 ▢▢▢

a お誕生日は いつですか。

생일이 언제입니까?

b 出張は いつから いつまでですか。

출장은 언제부터 언제까지입니까?

---

3 🎤 ▢▢▢

a とても きれいで 静かですね。

아주 예쁘고(깨끗하고) 조용하네요.

b その ティーシャツが 一番 安くて かわいいです。

그 티셔츠가 가장 싸고 귀엽습니다.

c ここは 部屋が よくて 人気です。

여기는 방이 좋아서 인기입니다.

▽ 다음 그림을 보고 와 같이 말해 보세요.

예

しゅっぱつ
出発, 4月 2日

A 出発^{しゅっぱつ}は いつですか。

B しがつ ふつかです。

1

てすと
テスト, 5月 2日

2

ぐれーす   たんじょうび
グレースさんの お誕生日,
11月 13日

3

せーる
セール, 7月 25日

4

やす
お休み, 8月 1日

しゅっぱつ
出発 출발 | いつ 언제 | テスト^{てすと} (test) 테스트, 시험 | お誕生日^{たんじょうび} 생일(정중한 표현) | セール^{せーる} (sale) 세일 |

やす
お休み 휴일, 쉬는 날(정중한 표현)

 **맛있는** 회화 연습

TRACK 11-04

▽ 다음은 백화점 점원의 메모입니다. 예와 같이 자유롭게 대화해 보세요.

memo

		セ^せー^るル	人気^{にんき}？
1F	時計^{とけい}	8/1 ~ 8/7	有名^{ゆうめい}だ、便利^{べんり}だ
3F	かばん・ティーシャツ^{てぃーしゃつ}	8/11 ~ 8/20	安^{やす}い、かわいい
5F	カメラ^{かめら}	8/14 ~ 8/21	小^{ちい}さい、便利^{べんり}だ

みせたんデパート┃ *MISETAN Department Store*

예

손님 すみません。おすすめの かばんは どれですか。

점원 こちらの かばんが 安^{やす}くて かわいいです。

손님 じゃ、それを ください。あのー、セ^せー^るルは いつまでですか。

점원 今月^{こんげつ}の ２０日^{はつか}までです。

デパート^{でぱーと} (department store) 백화점 | セ^せー^るル (sale) 세일 | 人気^{にんき} 인기 | 時計^{とけい} 시계 | 有名^{ゆうめい}だ な형 유명하다 |
便利^{べんり}だ な형 편리하다 | かばん 가방 | ティーシャツ^{てぃーしゃつ} (T-shirt) 티셔츠 | 安^{やす}い い형 싸다 | かわいい い형
귀엽다 | カメラ^{かめら} (camera) 카메라 | 小^{ちい}さい い형 작다 | すみません (말을 걸 때) 저기요 | おすすめ 추천 |
どれ 어느 것 | こちら 이쪽 | じゃ 그럼, 그러면 | それ 그것 | ください 주세요 | あのー 저기(요) | いつ
언제 | 〜まで ~까지 | 今月^{こんげつ} 이번 달

154

 **맛있는 독해 연습**

▽ 다음은 규슈 온천 여행 관련 전단지입니다. 내용을 읽고 답해 보세요.

九州温泉旅行

	出発	いくら？
7/1, 7/12	8/19, 9/16	33,000円
8/12		41,000円
10/10, 10/14		29,000円

火・木・土・日：午前 10時 30分 出発 ／ 月・水・金：午後 2時 出発

 きれいな サウナが あります！
タオルと おいしい 温泉卵も あります！

 ライトツアー Light Tour

1 다음 밑줄 친 곳에 들어갈 알맞은 말을 쓰세요.

　　一番 高い 旅行プランは ＿＿＿月 ＿＿＿日 出発です。

2 다음 ❶～❸ 중에서 가장 적절한 것을 하나 고르세요.

　❶ 10月 10日と 14日 出発が 一番 安いです。

　❷ 月曜日と 金曜日は 午前 10時 30分 出発です。

　❸ 土曜日と 日曜日は 午後 2時 出発です。

ツアー (tour) 투어 | 九州 규슈(일본 서남쪽에 있는 큰 섬) | 温泉 온천 | 旅行 여행 | 出発 출발 | いくら 얼마
| 午前 오전 | 午後 오후 | きれいだ [な형] 깨끗하다 | サウナ (sauna) 사우나 | タオル (towel) 타월 | 温泉卵
온천 달걀(온천물이나 수증기로 삶은 달걀) | 一番 가장, 제일 | 高い [い형] 비싸다 | プラン (plan) 플랜, 계획

맛있는 한자 & 가타카나

▽ 다음 한자와 가타카나를 써 보세요.

뜨거운 물
お湯
おゆ

족욕(탕)
足湯
あしゆ

온천 달걀
温泉卵
おんせんたまご

온천
温泉
おんせん

여관
旅館
りょかん

사우나
サウナ
さ う な

타월
タオル
た お る

어휘 다음 한자의 발음으로 올바른 것을 ❶~❸ 중에서 하나 고르세요.

1

旅館

❶ りょうり

❷ りょうかん

❸ りょかん

2

出発

❶ しゅうぱつ

❷ しゅっぱつ

❸ じゅうぱつ

3

お湯

❶ おわ

❷ おゆ

❸ おゆう

문법 다음 (1), (2)에 순서대로 들어갈 가장 알맞은 말을 ❶~❹ 중에서 하나 고르세요.

> この 温泉(1) きれいで 交通も (2) 人気です。
> おんせん   こうつう   にんき

❶ は, べんり　❷ は, べんりだ　❸ は, べんりで　❹ を, べんりで

TRACK 11-05

청취 다음 대회를 듣고 내용에 맞는 그림을 ❶~❸ 중에서 하나 고르세요.

7月	月	火	水	木
		1 ❶	2	3
	7	8 ❷	9	10
	14	15 ❸	16	17

눈으로 맘껏즐기는 **일본 여행 & 문화**

오이타, 벳푸온천

벳푸온천(別府温泉)은 땅속에서 솟아 나오는 온천물의 양이 일본에서 가장 많은 곳으로 유명합니다. 일본에서는 예부터 병이나 다친 상처를 치료하기 위해 온천을 이용해 왔는데, 벳푸온천은 그 성분이 풍부한 곳으로도 알려져 있습니다.

[교통]
JR 닛포본선 벳푸역 하차

일본 온천, 그 말이 궁금하다!

일본에는 수많은 온천이 있는데, 온천을 이용할 때 자주 듣는 용어가 있습니다. 알면 더 도움이 되는 온천 관련 표현을 한번 살펴볼까요?

로텐부로(露天風呂)는 밖에서 자연 풍경을 보면서 즐기는 노천 온천을 말합니다.

도지(湯治)는 온천 성분을 이용해서 병이나 상처를 치유하거나 건강해지기 위해 온천을 이용하는 것을 뜻합니다.

겐센카케나가시(源泉かけ流し)는 솟아난 온천수가 본래 성분을 손상하지 않은 상태 그대로 사용하는 것을 말합니다.

12

わたしは 長崎ちゃんぽんに します。
저는 나가사키짬뽕으로 하겠습니다.

y

이번 과의 여행지는?

규슈

규슈, 나가사키　九州, 長崎

나가사키는 총 면적의 45%가 작은 섬으로 이루어진 바다와 밀접한 지역입니다. 옛날에 국제 항구 도시였기 때문에 유럽과 중국의 문화가 녹아 있어 일본 문화와 함께 이국적인 분위기를 느낄 수 있습니다.

이번 과의 포인트는?

Study

동사 ます, ません을 활용해서 계획, 일정이나 결정에 대해 말할 수 있습니다.

Travel

나가사키, 랜턴페스티벌의 매력에 대해 알 수 있습니다.

Culture

일본 축제에서 볼 수 있는 것에 대해 알 수 있습니다.

맛있는 회화

❈ 나가사키, 랜턴페스티벌에서 세영(セヨン)과 사토시(さとし)가 구경하고 있습니다.

セヨン あ、あそこ！ パレードが 来ますよ。

さとし うわー、にぎやかで いいですね。

セヨン 田中さん、このあと 長崎ちゃんぽんの 店に 行きますか。

さとし いいえ、今日は 行きません。明日 行きます。

「長崎ちゃんぽん」
은 닭뼈와 돼지뼈로
만든 육수에 면을 넣
고 볶은 돼지고기, 해
산물, 채소를 올린 요
리입니다.

낱말과 표현

あそこ 저기 | パレード (parade) 퍼레이드 | 来ますよ 동3 옵니다 | にぎやかだ な형 번화하다, 활기차다 |
いいですね い형 좋군요, 좋네요 | このあと 이따가 | 長崎ちゃんぽん 나가사키짬뽕(일본 음식) | 店 가게 |
(도착점)に ~에 | 行きますか 동1 갑니까? | 今日 오늘 | 行きません 동1 가지 않습니다 | 明日 내일 |
行きます 동1 갑니다

✽ 나가사키, 중국 음식점에서 세영(セヨン)과 사토시(さとし)가 메뉴를 고르고 있습니다.

セヨン　田中さんは 何を 注文しますか。

さとし　わたしは 長崎ちゃんぽんに します。

セヨン　じゃ、わたしは 皿うどんを 食べます。

　　　　すみません。注文を おねがいします。

「皿うどん」은 접시에 튀기거나 볶은 면에 돼지고기, 해산물, 채소를 볶아서 걸쭉하게 만든 수프를 곁들여서 먹는 나가사키 요리입니다.

낱말과 표현

何 무엇 | ～を ~을/를 | 注文しますか 통3 주문합니까?, 주문하시겠습니까? | 長崎ちゃんぽん 나가사키짬뽕(일본 음식) | ～に します 통3 ~(으)로 하겠습니다 | じゃ 그럼, 그러면 | 皿うどん 사라우동(일본 음식) | 食べます 통2 먹습니다, 먹겠습니다 | すみません (말을 걸 때) 저기(요) | 注文 주문 | おねがいします 통3 부탁합니다

맛있는 문법

1 동사의 그룹 분류

분류	특징
1그룹 동사	(1) (2, 3그룹을 제외한) u단으로 끝나는 동사 예 かう 사다　　いく 가다　　のむ 마시다　　あそぶ 놀다 　　のる 타다 (2) 형태는 2그룹 동사지만 활용은 1그룹 동사(예외 1그룹 동사) 예 ★かえる 돌아가(오)다　　　★はいる 들어가(오)다
2그룹 동사	る로 끝나는 동사 중 る의 앞 음절이 i단 또는 e단인 동사 예 みる 보다　　おきる 일어나다　　たべる 먹다
3그룹 동사	「くる」,「する」는 필수 암기 동사 예 くる 오다　　する 하다　　運動（うんどう）する 운동하다

2 ～ます
~합니다, ~하겠습니다

1 현재(습관)

・いつも ここで コーヒーを 買（か）います。[買（か）う]

2 미래(예정, 의향)

・明日（あした）から 運動（うんどう）します。[運動（うんどう）する]

いつも 항상 | ここ 여기 | ～で ~에서 | コーヒー (coffee) 커피 | 買（か）う 통1 사다 | 明日（あした）내일 | ～から ~부터
| 運動（うんどう）する 통3 운동하다

162

③ 동사 ます형의 활용

분류	기본형		ます형의 활용 방법	~ます ~합니다, ~하겠습니다	
1그룹 동사	買^かう	사다	う → い + ます	買^かいます	삽니다
	会^あう	만나다	う → い + ます	会^あいます	만납니다
	行^いく	가다	く → き + ます	行^いきます	갑니다
	待^まつ	기다리다	つ → ち + ます	待^まちます	기다립니다
	飲^のむ	마시다	む → み + ます	飲^のみます	마십니다
	遊^{あそ}ぶ	놀다	ぶ → び + ます	遊^{あそ}びます	놉니다
	乗^のる	타다	る → り + ます	乗^のります	탑니다
	★帰^{かえ}る	돌아가(오)다	る → り + ます	帰^{かえ}ります	돌아갑(옵)니다
2그룹 동사	見^みる	보다	る + ます	見^みます	봅니다
	食^たべる	먹다	る + ます	食^たべます	먹습니다
	起^おきる	일어나다	る + ます	起^おきます	일어납니다
	寝^ねる	자다	る + ます	寝^ねます	잡니다
3그룹 동사	来^くる	오다	필수 암기	来^きます	옵니다
	する	하다		します	합니다

4 〜ません　　　　　　　　　　　　　　　　　　　　　　~하지 않습니다

・コーヒーは あまり 飲みません。[飲む]

・毎日、おにぎりを 食べません。[食べる]

5 何　　　　　　　　　　　　　　　　　　　　　　　　　　무엇

・何を 注文しますか。

・朝ご飯は 何を よく 食べますか。

6 〜に します　　　　　　　　　　　　　　　　~(으)로 하겠습니다

・わたしは 長崎ちゃんぽんに します。

・会計は カードに しますか。現金に しますか。

コーヒー (coffee) 커피 | あまり 별로, 그다지 | 飲む [동1] 마시다 | 毎日 매일 | おにぎり 주먹밥(일본 음식) |
食べる [동2] 먹다 | 注文する [동3] 주문하다 | 朝ご飯 아침 식사, 아침(밥) | よく 자주 | 長崎ちゃんぽん 나가사키
짬뽕(일본 음식) | 会計 회계, 계산 | カード (card) 카드 | 現金 현금

▽ 다음 그림을 보고 빈칸에 동사의 ～ます와 ～ません을 히라가나로 써 보세요.

1　7時に おきる

7時に ☐☐☐☐。

7時に ☐☐☐☐☐。

2　朝ご飯を たべる

朝ご飯を ☐☐☐☐。

朝ご飯を ☐☐☐☐☐。

3　学校に いく

学校に ☐☐☐☐。

学校に ☐☐☐☐☐。

4　勉強を する

勉強を ☐☐☐。

勉強を ☐☐☐☐。

맛있는 문장 연습

▽ 다음 문장을 따라 말해 보세요.

---

1 🎤 ■ ■ ■

a あの 店に よく 行きますか。

→ はい、行きます。/ いいえ、行きません。

b いつも 朝ご飯を 食べますか。

→ はい、食べます。/ いいえ、食べません。

저 가게에 자주 갑니까?

→ 네, 갑니다.
　/ 아니요, 가지 않습니다.

항상 아침을 먹습니까?

→ 네, 먹습니다.
　/ 아니요, 먹지 않습니다.

---

2 🎤 ■ ■ ■

a デパートで 何を 買いますか。

b 明日は 何を しますか。

백화점에서 무엇을 삽니까?

내일은 무엇을 합니까?

---

3 🎤 ■ ■ ■

a わたしは ちゃんぽんに します。

b おみやげは この かばんに します。

c わたしは この 服に します。

저는 짬뽕으로 하겠습니다.

여행 선물은 이 가방으로 하겠습니다.

저는 이 옷으로 하겠습니다.

▽ 다음 그림을 보고 예와 같이 말해 보세요.

예

A 今日は 何を しますか。

B 今日は デパートで 買い物します。

A 明日も デパートで 買い物しますか。

B いいえ、明日は 買い物しません。

デパートで 買い物する

1

佐藤さんに 会う

2

映画を 見る

3

会社に 行く

4

公園で 運動する

今日 오늘 | 何 무엇 | デパート (department store) 백화점 | ~で ~에서 | 買い物する 통3 쇼핑하다 |
明日 내일 | ~も ~도 | ~に 会う 통1 ~을/를 만나다 | 映画 영화 | 見る 통2 보다 | 会社 회사 | (도착점)に
~에 | 行く 통1 가다 | 公園 공원 | 運動する 통3 운동하다

TRACK 12-04

▽ 다음은 수첩에 적은 일정입니다. 예와 같이 자유롭게 대화해 보세요.

月曜日（げつようび）	AM 7:00~8:00	運動（うんどう）する
火曜日（かようび）	AM 7:00~8:00	田中（たなか）さんと 映画（えいが）を 見（み）る
水曜日（すいようび）	PM 12:00~2:00	青山（あおやま）さんと ケーキを 食（た）べる
木曜日（もくようび）	PM 6:00~8:00	グレースさんに 会（あ）う
金曜日（きんようび）	PM 2:00~5:00	友（とも）だちと 遊（あそ）ぶ
土曜日（どようび）	AM 11:00~PM 1:00 PM 3:00~5:00	デパートで 買（か）い物（もの）する コーヒーを 飲（の）む
日曜日（にちようび）		お休（やす）み

예

A 火曜日（かようび）は 何（なに）を しますか。

B 火曜日（かようび）は 田中（たなか）さんと 映画（えいが）を 見（み）ます。

A 金曜日（きんようび）は 何（なに）を しますか。

B 金曜日（きんようび）は 友（とも）だちと 遊（あそ）びます。

運動（うんどう）する 통3 운동하다 | 映画（えいが） 영화 | 見（み）る 통2 보다 | 食（た）べる 통2 먹다 | ～に 会（あ）う 통1 ~을/를 만나다 | 友（とも）だち 친구 | 遊（あそ）ぶ 통1 놀다 | デパート (department store) 백화점 | ～で ~에서 | 買（か）い物（もの）する 통3 쇼핑하다 | コーヒー (coffee) 커피 | 飲（の）む 통1 마시다 | お休（やす）み 휴일, 쉬는 날(정중한 표현)

맛있는 독해 연습

▽ 다음은 생활 습관에 대한 설문지입니다. 내용을 읽고 답해 보세요.

あなたの 毎日は?

お名前 : 吉田みく

	はい	いいえ
1. あなたは 毎日 7時に 起きますか。	☑	☐
2. あなたは 毎日 朝ご飯を 食べますか。	☐	☑
3. あなたは 毎日 運動しますか。	☐	☑

4. あなたは 毎日 何を よく 飲みますか。
　　① コーヒー　　② ジュース　　③ お水　　④ お茶

---

1 다음 밑줄 친 곳에 들어갈 알맞은 말을 쓰세요.

　　吉田さんは ＿＿＿＿＿＿を よく 飲みます。

2 다음 ❶～❸ 중에서 가장 적절한 것을 하나 고르세요.

　❶ 吉田さんは 午前 7時に 起きません。

　❷ 吉田さんは いつも 朝ご飯を 食べます。

　❸ 吉田さんは 毎日 運動しません。

あなた 당신 | 毎日 매일 | お名前 이름, 성함(정중한 표현) | (시간)に ~에 | 起きる 동2 일어나다 | 朝ご飯 아침 식사, 아침(밥) | 食べる 동2 먹다 | 運動する 동3 운동하다 | 何 무엇 | よく 자주 | 飲む 동1 마시다 | コーヒー (coffee) 커피 | ジュース (juice) 주스 | お水 물, 생수 | お茶 차

맛있는 한자 & 가타카나

▽ 다음 한자와 가타카나를 써 보세요.

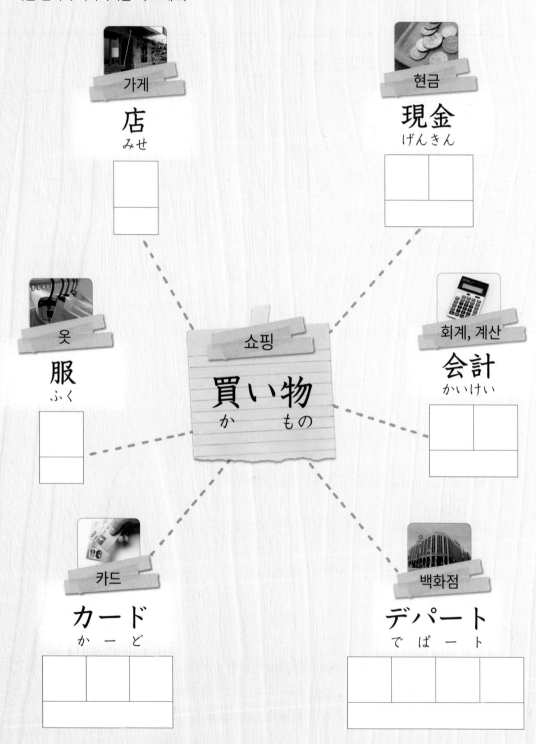

가게
店
みせ

현금
現金
げんきん

옷
服
ふく

쇼핑
買い物
か　　　もの

회계, 계산
会計
かいけい

카드
カード
か ー ど

백화점
デパート
で ぱ ー ト

맛있는 확인 문제

어휘 다음 한자의 발음으로 올바른 것을 ❶~❸ 중에서 하나 고르세요.

1

買い物

❶ さいもの

❷ がいもの

❸ かいもの

2

会計

❶ かいけ

❷ かいけえ

❸ かいけい

3

現金

❶ げんきん

❷ けんきん

❸ てんきん

문법 다음 (1), (2)에 순서대로 들어갈 가장 알맞은 말을 ❶~❹ 중에서 하나 고르세요.

> わたし(1)長崎_{ながさき}ちゃんぽん(2)します。

❶ が, で　　　❷ は, で　　　❸ と, に　　　❹ は, に

TRACK 12-05

청취 다음 대화를 듣고 내용에 맞는 그림을 ❶~❸ 중에서 하나 고르세요.

❶ 　　❷ 　　❸

눈으로 맘껏즐기는 **일본 여행 & 문화**

나가사키, 랜턴페스티벌

랜턴페스티벌(ランタンフェスティバル)은 매년 음력설에 나가사키 시내에서 열리는 축제입니다. 원래는 나가사키에 사는 중국 사람들이 설을 축하하는 행사였는데, 지금은 일본에서도 손에 꼽히는 나가사키 대표 축제가 되었습니다.

[교통]
나가사키전철 신치추카가이정류장에서 하차

일본 축제, 그것이 궁금하다!

일본 전통 축제는 계절마다 신사나 절을 중심으로 열립니다. 일본 전통 축제에서 볼 수 있는 것들에 뭐가 있는지 한번 살펴볼까요?

보통 신사에서 열리는 축제를 오마츠리(お祭り)라고 하고, 절에서 열리는 축제를 엔니치(縁日)라고 합니다.

데미세(出店)는 축제 때 늘어선 포장마차를 말합니다. 음식을 팔거나 게임을 즐길 수 있습니다.

여름 축제 때는 유카타(浴衣)라는 간단한 기모노를 입습니다. 시원한 소재로 만들어져서 덥지 않습니다.

**권말
부록**

03 본책 44쪽

✱ 도쿄 K대학 내 카페에서 세영이 사토시와 첫인사를 나누고 있습니다.

사토시　처음 뵙겠습니다. 저는 다나카 사토시입니다.

세영　처음 뵙겠습니다. 김세영입니다.

사토시　김 씨, 전공은 일본어입니까?

세영　아니요, 일본어가 아닙니다. 심리학입니다.

03 본책 45쪽

✱ 도쿄, 요요기공원에서 승준이 직장인 동아리 사람들 앞에서 자기소개를 하고 있습니다.

리나　이 씨, 자기소개를 부탁합니다.

승준　처음 뵙겠습니다. 이승준입니다.
저는 한국인이고, 회사원입니다.
잘 부탁합니다.

04 본책 56쪽

✱ 도쿄, 아사쿠사에서 폴이 세영이 가방에 달린 열쇠고리에 대해 물어보고 있습니다.

폴　김 씨, 그것은 무엇입니까?

세영　아~, 이것은 도쿄 여행 선물입니다.

폴　도쿄?

세영　네, 갓파바시(의) 것입니다.

✻ 도쿄, 갓파바시의 식품 샘플 가게에서 승준이 점원에게 물어보고 있습니다.

승준   저기요. 이것은 무엇입니까?

점원   그것은 시계입니다.

승준   우와~. 이 돈가스도 시계입니까?

점원   네. 요즘 인기 있는 여행 선물입니다.

✻ 오사카, 난바의 식당에서 그레이스가 점원에게 주문을 하고 있습니다.

점원   주문하시겠습니까?

그레이스   다코야키와 야키소바를 주세요.

점원   다코야키와 야키소바요?

그레이스   아, 그리고 콜라도 두 개 주세요.

✻ 오사카, 간사이 공항 카페에서 폴이 점원에게 주문을 하고 있습니다.

점원   어서 오세요.

폴   저기요~, 커피 두 개와 케이크 한 개 주세요.

점원   커피 두 개와 케이크 한 개요?
       잠시만 기다려 주세요.

06

✲ 효고, 아리마에서 승준이 친구에게 안 보이는 리나에 대해 물어보고 있습니다.

승준	니노미야 씨, 아오야마 씨가 없습니다.
니노미야	아오야마 씨? 아오야마 씨는 저기에 있습니다.
승준	저기? 어디입니까?
니노미야	저기입니다. 사토 씨 옆에 있습니다.

06

✲ 효고, 아리마의 여관에서 그레이스가 직원에게 온천 위치에 대해 물어보고 있습니다.

그레이스	저기요. 온천은 어디에 있습니까?
직원	호텔 2층에 있습니다.
	엘리베이터는 저쪽입니다.
그레이스	정말 감사합니다.

07

✲ 승준이 나라에 있는 가마메시 식당에 전화해서 영업 시간을 물어보고 있습니다.

점원	전화 감사합니다. 가마메시 이치방입니다.
승준	저기요~, 저녁은 몇 시까지입니까?
점원	오후 11시까지입니다.
승준	그럼, 8시에 예약을 부탁합니다.
점원	네. 성함을 부탁합니다.

✽ 나라의 호텔에서 세영이 프런트에 다음 날 아침 식사 시간을 물어보고 있습니다.

프런트   네. 프런트입니다.

세영   저기요~, 조식은 몇 시부터 몇 시까지입니까?

프런트   6시 반부터 10시까지입니다.

세영   그럼, 아침 7시에 모닝콜을 부탁합니다.

✽ 교토, 니시키시장에서 폴이 시장 점원에게 가격을 물어보고 있습니다.

폴   저기요~, 이 고로케는 얼마입니까?

점원   한 개 100엔이고, 이쪽은 90엔입니다.

폴   그럼, 100엔짜리를 한 개, 90엔짜리를 두 개 주세요.

점원   다 합해서 280엔입니다. …… 20엔의 거스름돈입니다.

✽ 교토, 사진 스튜디오에서 그레이스가 점원에게 기모노 체험 가격을 물어보고 있습니다.

점원   이쪽이 추천 플랜입니다.

그레이스   얼마입니까?

점원   기모노 사진 네 장과 산책 30분으로, 13,000엔입니다.

그레이스   그럼, 예약을 부탁합니다.

✽ 후쿠오카, 다자이후에서 세영이 사토시에게 가게 과자에 대해 물어보고 있습니다.

세영　　다나카 씨, 저것은 무엇입니까?

사토시　우메가에모치입니다. 다자이후의 유명한 여행 선물입니다.

　　　　김 씨는 떡을 좋아합니까?

세영　　별로 좋아하지 않습니다.

　　　　떡보다 케이크 쪽을 좋아합니다.

✽ 후쿠오카, 덴진에서 세영과 사토시가 행선지에 가는 방법에 대해 이야기하고 있습니다.

세영　　아, 저기에 덴진 지도가 있습니다.

- 지도 간판 앞에서 -

사토시　덴진역은 여기네요.

세영　　하카타까지 버스와 전철, 어느 쪽이 편리합니까?

사토시　버스 쪽이 편리합니다.

✽ 후쿠오카, 덴진의 라면 가게에서 리나와 폴이 메뉴를 고르고 있습니다.

리나　　저는 돈코츠라면……, 아, 이것도 좋네요.

폴　　　차슈면입니까?

리나　　네. 아주 맛있습니다.

　　　　돈코츠라면보다 차슈가 많습니다.

폴　　　950엔? 비싸네요.

10

본책 133쪽

＊ 후쿠오카, 덴진에 있는 편의점에 리나와 폴이 디저트를 사러 왔습니다.

리나　　폴 씨, 어떤 디저트가 좋습니까?

폴　　　초코가 많은 디저트를 원합니다.

리나　　그럼, 이 케이크는 어떻습니까?
　　　　255엔입니다.

폴　　　255엔? 별로 비싸지 않네요.

11

본책 146쪽

＊ 그레이스가 승준에게 벳부 여행 일정에 대해 물어보고 있습니다.

그레이스　　다음 달은 벳푸 여행이네요. 출발은 언제입니까?

승준　　　　9월 20일, 금요일입니다.

그레이스　　여행은 언제까지입니까?

승준　　　　24일까지입니다.

11

본책 147쪽

＊ 오이타, 벳푸에서 승준과 리나가 온천 여관에 대한 이야기를 나누고 있습니다.

승준　　이 여관은 온천이 깨끗해서 좋네요.

리나　　네. 여기는 족욕이 유명하고 사우나도 인기입니다.

승준　　내일 관광은 전철입니까?

리나　　아니요, 버스입니다.
　　　　규슈 관광은 이 프리패스가 싸고 편리합니다.

12

✽ 나가사키, 랜턴페스티벌에서 세영과 사토시가 구경하고 있습니다.

세영   아, 저기! 퍼레이드가 옵니다.

사토시   우와~, 활기차고 좋네요.

세영   다나카 씨, 이따가 나가사키짬뽕 가게에 갑니까?

사토시   아니요, 오늘은 가지 않습니다. 내일 갑니다.

12

✽ 나가사키, 중국 음식점에서 세영과 사토시가 메뉴를 고르고 있습니다.

세영   다나카 씨는 무엇을 주문하겠습니까?

다나카   저는 나가사키짬뽕으로 하겠습니다.

세영   그럼, 저는 사라우동을 먹겠습니다.
            저기요. 주문을 부탁합니다.

03 본책 51쪽

1 会社員
2 ②

04 본책 63쪽

1 フランス
2 ①

05 본책 75쪽

1 ジュース
2 ②

06 본책 89쪽

1 地図
2 ③

07 본책 101쪽

1 日本
2 ③

08 본책 113쪽

1 2,222
2 ①

09 본책 127쪽

1 デザイナー
2 ①

10 본책 141쪽

1 部屋
2 ②

11 본책 155쪽

1 8, 12
2 ①

12 본책 169쪽

1 お茶
2 ③

03

본책 53쪽

어휘 1 ③   2 ②   3 ①

문법 ③

청취 ②

듣기 대본

はじめまして。わたしは 韓国人で、
専攻は 日本語です。

どうぞ よろしく おねがいします。

해석

처음 뵙겠습니다. 저는 한국인이고,
전공은 일본어입니다.
잘 부탁합니다.

04

본책 65쪽

어휘 1 ③   2 ②   3 ①

문법 ③

청취 ①

듣기 대본

これは さいきん 人気の おみやげです。
中国のじゃ ありません。日本のです。

해석

이것은 요즘 인기 있는 여행 선물입니다.
중국(의) 것이 아닙니다. 일본(의) 것입니다.

05

본책 77쪽

어휘 1 ①   2 ①   3 ②

문법 ②

청취 ③

듣기 대본

A いらっしゃいませ。

B すみません。ハンバーガーを ひとつ、
ジュースを ふたつ ください。

A はい、しょうしょう おまちください。

해석

A 어서 오세요.

B 저기요. 햄버거를 한 개, 주스를 두 개 주세요.

A 네, 잠시만 기다려 주세요.

06

본책 91쪽

어휘 1 ②   2 ①   3 ③

문법 ④

청취 ①

듣기 대본

A もしもし。ケンさん、どこですか。

B わたしは 1階です。イさん、温泉が ありません。

A え? 温泉は 3階ですよ。
エレベーターの となりに あります。

B あ、そうですか。ありがとうございます。

A 여보세요. 켄 씨, 어디입니까?

B 저는 1층입니다. 이 씨, 온천이 없습니다.

A 에? 온천은 3층입니다.
엘리베이터 옆에 있습니다.

B 아, 그렇습니까? 감사합니다.

07

본책 103쪽

어휘 1 ③　　2 ③　　3 ②

문법 ③

청취 ③

듣기 대본

A あのー、レストランは 何時から
何時までですか。

B 午前 10時から 午後 9時までです。

A じゃ、午後 4時に 予約を おねがいします。

B はい。お名前を おねがいします。

해석

A 저기요, 레스토랑은 몇 시부터 몇 시까지입니까?

B 오전 10시부터 오후 9시까지입니다.

A 그럼, 오후 4시에 예약을 부탁합니다.

B 네, 성함을 부탁합니다.

08

본책 115쪽

어휘 1 ③　　2 ①　　3 ①

문법 ③

청취 ③

듣기 대본

A すみません。チケットは いくらですか。

B 大人は 500円で、子供は 300円です。

A じゃ、大人 2まいと 子供 1まい、
おねがいします。

B はい。しょうしょう おまちください。

해석

A 저기요. 티켓은 얼마입니까?

B 어른은 500엔이고, 어린이는 300엔입니다.

A 그럼, 어른 두 장과 어린이 한 장, 부탁합니다.

B 네. 잠시만 기다려 주세요.

09

본책 129쪽

어휘 1 ②　　2 ③　　3 ②

문법 ②

청취 ②

듣기 대본

A グレースさん、福岡の 有名な 食べ物は
何ですか。

B 福岡は とんこつラーメンが 有名です。
キムさんは ラーメンが 好きですか。

A はい。グレースさんも ラーメンが 好きですか。

B いいえ、ラーメンより そばの 方が 好きです。

해석

A 그레이스 씨, 후쿠오카의 유명한 음식은
무엇입니까?

B 후쿠오카는 돈코츠라면이 유명합니다.
김 씨는 라면을 좋아합니까?

A 네. 그레이스 씨도 라면을 좋아합니까?

B 아니요, 라면보다 메밀국수 쪽을 좋아합니다.

⑩ 본책 143쪽

어휘 1 ①   2 ①   3 ③

문법 ④

청취 ②

듣기 대본

A これと これ、どちらが おいしいですか。

B この ラーメンが おいしいです。
チャーシューも 多いです。

A いくらですか。

B ４６０円です。

A ４６０円? あまり 高く ありませんね。

해석

A 이것과 이것, 어느 쪽이 맛있습니까?

B 이 라면이 맛있습니다. 차슈도 많습니다.

A 얼마입니까?

B 460엔입니다.

A 460엔? 별로 비싸지 않네요.

⑪ 본책 157쪽

어휘 1 ③   2 ②   3 ②

문법 ③

청취 ②

듣기 대본

A 田中さん、7月の お休みは いつですか。

B ええと、今日は 何日ですか。

A 1日です。

B じゃ、来週の 火曜日です。

해석

A 다나카 씨, 7월 휴일은 언제입니까?

B 음, 오늘은 며칠입니까?

A 1일입니다.

B 그럼, 다음 주 화요일입니다.

⑫ 본책 171쪽

어휘 1 ③   2 ③   3 ①

문법 ④

청취 ①

듣기 대본

A キムさんは 何を 注文しますか。

B わたしは カレーに します。
ポールさんも カレーに しますか。

A わたしは カレーは あまり……。

B そうですか。この 店は オムライスも

おいしいですよ。

A じゃ、わたしは それに します。

해석

A 김 씨는 무엇을 주문하겠습니까?

B 저는 카레로 하겠습니다.
폴 씨도 카레로 하겠습니까?

A 저는 카레는 별로…….

B 그렇습니까? 이 가게는 오므라이스도
맛있습니다.

A 그럼, 저는 그것으로 하겠습니다.

03

1 はじめまして。

2 わたしは 韓国人です。

3 どうぞ よろしく おねがいします。

4 はい、わたしは 会社員です。

5 キムさんは 学生ですか。

6 いいえ、わたしは 軍人じゃ ありません。学生です。

7 青山さんは 日本人で、会社員です。

8 わたしは デザイナーじゃ ありません。医者です。

9 専攻は 心理学ですか。

10 はい、心理学です。/ いいえ、心理学じゃ ありません。

11 わたしは 中国人じゃ ありません。日本人です。

12 わたしは 田中です。歌手です。

04

1 それは 何ですか。

2 これは おみやげです。

3 あれは 何ですか。

4 あれは 新聞です。

5 あれは わたしの カメラです。

6 これも わたしのじゃ ありません。

7 この かばんは だれのですか。

8 その かばんは 先生のです。

9 それも ドイツのです。

10 あの 時計は フランスのじゃ ありません。

11 この ノートは 佐藤さんのです。

12 これは だれの 地図ですか。

05 워크북 34-35쪽

1 やきそばと うどんを ください。

2 ハンバーガー ひとつと ジュース ひとつ、ください。

3 ジュース ふたつと コーヒー ひとつ、ください。

4 あのー、カレー ひとつと 牛丼 ふたつ、ください。

5 しょうしょう おまちください。

6 それから、コーヒーも ひとつ ください。

7 ハンバーガー みっつと コーラ みっつ、ください。

8 おすすめは 牛丼セットです。

9 とんカツセット ひとつと うどんセット ふたつ、ください。

10 あのー、人気の デザートは 何ですか。

11 人気の デザートは チョコケーキです。

12 いちごケーキ ふたつと チョコケーキ ふたつ、ください。

06 워크북 38-39쪽

1 本屋は どこに ありますか。

2 田中さんは どこに いますか。

3 交番は こちらです。

4 あそこに 公園が あります。

5 本屋は 何階ですか。

6 １階です。

7 佐藤さんは 会社に います。

8　いすの 下に かばんが あります。

9　机の 上に 本が あります。

10　公園の 右に 交番が あります。

11　公園の そばに 温泉が あります。

12　デパートは どちらですか。

07　

1　何時から 何時までですか。

2　午前 １０時から 午後 ９時までです。

3　朝 ７時に モーニングコールを おねがいします。

4　ルームサービスを おねがいします。

5　デザートを おねがいします。

6　朝食は 何時からですか。

7　昼休みは 12時 ３０分から 2時までです。

8　食事は 午後 ６時から 9時までです。

9　バイトは 12時から ７時３０分までです。

10　授業は 4時から 5時 ２０分までです。

11　料理教室は １時３０分から ３時 ３０分までです。

12　注文は １０時からです。

08　

1　これは ひとつ、いくらですか。

2　おにぎり ふたつ ください。

3　大人は １まい、いくらですか。

4　大人 2まいと 子供 2まい、おねがいします。

5　合計 3,000円です。

6　写真は 1まい、いくらですか。

7　100円の おかえしです。

8　オムライス ひとつ、やきそば ふたつ ください。

9　お好みやきは 1,200円です。

10　旅行の 写真は 3まい、1,000円です。

11　デザート食べ放題は いくらですか。

12　大人料金は 4,000円で、子供料金は 2,000円です。

1　日本語と 中国語、どちらが 好きですか。

2　バスと タクシー、どちらが 便利ですか。

3　好きな 歌手は だれですか。

4　この 問題は とても 簡単です。

5　青木さんは まじめな 学生です。

6　飛行機の 方が 便利です。

7　交通は あまり 便利じゃ ありません。

8　英語が あまり 上手じゃ ありません。

9　その 空港は にぎやかですか。

10　いいえ、あまり にぎやかじゃ ありません。

11　コーヒーより お茶の 方が 好きです。

12　タイ料理と フランス料理、どちらが 好きですか。

1　韓国料理は どうですか。

2　旅行は どうですか。

3　とても 楽しいです。

4 　この 映画は あまり おもしろく ありません。

5 　わたしは 台所が 広い 家が 好きです。

6 　わたしは 大きい かばんが ほしいです。

7 　庭が 広い 家が ほしいです。

8 　この マンションは あまり 広く ありません。

9 　どちらが 高いですか。

10 　キムさんの 家は とても 大きいです。

11 　この 家は 家具が あまり 多く ありません。

12 　山田さんは とても やさしいです。

 11 워크북 58-59쪽

1 　今日は 何月 何日ですか。

2 　今日は 4月 5日です。

3 　明日は 何曜日ですか。

4 　明日は 金曜日です。

5 　温泉旅行は 土曜日までです。

6 　これは 安くて かわいいです。

7 　天気が よくて けしきも きれいですね。

8 　けしきも よくて 温泉卵も おいしいです。

9 　出張は いつまでですか。

10 　わたしの 誕生日は 12月 25日です。

11 　この カメラは 小さくて 便利です。

12 　土曜日は 午前 10時 出発です。

1 今日は 何を しますか。

2 今日は 友だちに 会いません。

3 明日は 何を しますか。

4 デパートで 買い物します。

5 学校で 勉強を します。

6 会計は 現金に しますか。カードに しますか。

7 わたしは コーヒーを 飲みません。

8 わたしは お茶を 飲みます。

9 １時に 友だちと 映画を 見ます。

10 わたしは １０時に 家に 帰ります。

11 ３時から ５時まで 友だちと 遊びます。

12 部屋で 本を 読みます。

사진 제공

- - - - - - - - - - - - - - - -

一般社団法人九州観光推進機構

一般財団法人神戸観光局

公益財団法人東京観光財団

公益社団法人ツーリズムおおいた

福岡市

맛있는 books

이제는
여행X음식X일본어다!

여행과 음식을 함께 즐기는
맛있는 일본어 독학 첫걸음

JRC 일본어연구소 저 | 14,000원

여행과 음식으로 즐겨요!

재미와 학습을 한번에! 4주 독학 완성!

 + + + +

여행 콘셉트 본책　　　쓰기 노트　　　여행 미니북　　　무료 동영상 강의　　　테마 지도

JRC 중국어연구소 저 | 14,000원

홍빛나 저 | 15,500원

국선아 저 | 15,000원

피무 저 | 16,500원

김정, 일리야 저 | 16,500원

일본 여행 x 문화와 함께 배우는

NEW 맛있는
일본어

Level ①

문선희 저

워크북

맛있는 books

맛있는 일본어

워크북

문자과

·1~2과·

Level ①

にほん？ にほんご？
일본? 일본어?

청음

※ 출발점인 ❶에서 쓰기 시작하고
종점인 ★을 향해 순서대로 써 보세요.

날짜:　　/

22쪽
TRACK
01

あ행

|히라가나|

|가타카나|

あ [a]　　あ あ

ア [a]　　ア ア

い [i]　　い い

イ [i]　　イ イ

う [u]　　う う

ウ [u]　　ウ ウ

え [e]　　え え

エ [e]　　エ エ

お [o]　　お お

オ [o]　　オ オ

22쪽
TRACK
02

か 행

|히라가나|

か [ka]	か	
	か	

き [ki]	き	
	き	

く [ku]	く	
	く	

け [ke]	け	
	け	

こ [ko]	こ	
	こ	

|가타카나|

カ [ka]	カ	
	カ	

キ [ki]	キ	
	キ	

ク [ku]	ク	
	ク	

ケ [ke]	ケ	
	ケ	

コ [ko]	コ	
	コ	

23쪽 TRACK 03

さ행

|히라가나|

 [sa]

さ さ

し [shi]

し し

 [su]

す す

 [se]

せ せ

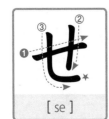 [so]

そ そ

|가타카나|

 [sa]

サ サ

 [shi]

シ シ

 [su]

ス ス

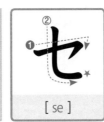 [se]

セ セ

ソ [so]

ソ ソ

4

た행

|히라가나|

[ta]

た
た

|가타카나|

[ta]

タ
タ

[chi]

ち
ち

[chi]

チ
チ

[tsu]

つ
つ

[tsu]

ツ
ツ

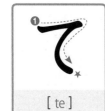
[te]

て
て

テ
テ

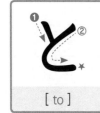
[to]

と
と

[to]

ト
ト

な행

|히라가나|

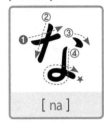

な
な

[na]

|가타카나|

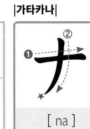

ナ
ナ

[na]

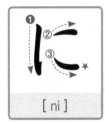

[ni]

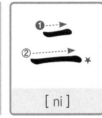

[ni]

[nu]

[nu]

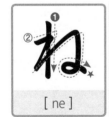

[ne]

[ne]

[no]

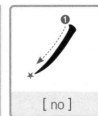

[no]

は 행

|히라가나| |가타카나|

 は は
[ha]

 ハ ハ
[ha]

ひ ひ
[hi]

ヒ ヒ
[hi]

ふ ふ
[fu]

フ フ
[fu]

へ へ
[he]

へ へ
[he]

ほ ほ
[ho]

ホ ホ
[ho]

ま행

|히라가나|

[ma]

ま
ま

|가타카나|

[ma]

マ
マ

[mi]

み
み

ミ
[mi]

ミ
ミ

[mu]

む
む

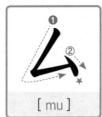
[mu]

ム
ム

[me]

め
め

[me]

メ
メ

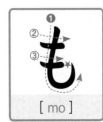
[mo]

も
も

[mo]

モ
モ

25쪽
TRACK
08

や행

|히라가나|

[ya]

や
や

[yu]

ゆ
ゆ

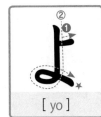

[yo]

よ
よ

|가타카나|

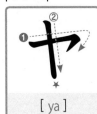

[ya]

ヤ
ヤ

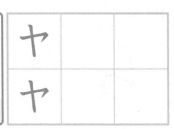

[yu]

ユ
ユ

[yo]

ヨ
ヨ

잠깐! 모양이 비슷한 글자에 유의하세요!

ぬ [nu]	ぬ				シ [shi]	シ			
ね [ne]	ね				ツ [tsu]	ツ			
ぬ [nu]	ぬ				チ [chi]	チ			
め [me]	め				テ [te]	テ			

ら행

|히라가나|

[ra]

ら
ら

|가타카나|

[ra]

ラ
ラ

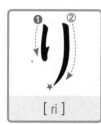

[ri]

り
り

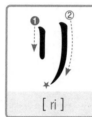

[ri]

リ
リ

[ru]

る
る

[ru]

ル
ル

れ

[re]

れ
れ

[re]

レ
レ

[ro]

ろ
ろ

[ro]

ロ
ロ

26쪽
TRACK
10

わ행, ん

|히라가나|

[wa]

わ		
わ		

[o]

を		
を		

[N]

ん		
ん		

|가타카나|

[wa]

ワ		
ワ		

[o]

ヲ		
ヲ		

[N]

ン		
ン		

잠깐!
모양이 비슷한 글자에 유의하세요!

ち [chi]	ち		
ら [ra]	ら		

れ [re]	れ		
わ [wa]	わ		

コ [ko]	コ		
ユ [yu]	ユ		

ソ [so]	ソ		
ン [N]	ン		

02 にほんごを もっと しろう。
일본어를 좀 더 알자.

탁음

が행

|히라가나|

が　が
[ga]

|가타카나|

ガ　ガ
[ga]

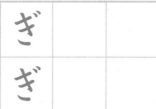

ぎ　ぎ
[gi]

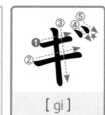

ギ　ギ
[gi]

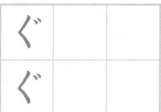

ぐ　ぐ
[gu]

グ　グ
[gu]

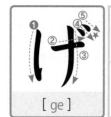

げ　げ
[ge]

ゲ　ゲ
[ge]

ご　ご
[go]

ゴ　ゴ
[go]

ざ행

|히라가나|

ざ [za]
ざ
ざ

じ [ji]
じ
じ

ず [zu]
ず
ず

ぜ [ze]
ぜ
ぜ

ぞ [zo]
ぞ
ぞ

|가타카나|

ザ [za]
ザ
ザ

ジ [ji]
ジ
ジ

ズ [zu]
ズ
ズ

ゼ [zc]
ゼ
ゼ

ゾ [zo]
ゾ
ゾ

だ행

|히라가나|　　　　　　　　　　　　　　　　**|가타카나|**

[da]

だ		
だ		

[da]

ダ		
ダ		

[ji]

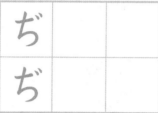

ぢ		
ぢ		

[ji]

ヂ		
ヂ		

[zu]

づ		
づ		

[zu]

ヅ		
ヅ		

[de]

で		
で		

[de]

デ		
デ		

[do]

ど		
ど		

[do]

ド		
ド		

32쪽
TRACK 14

ば^행

|히라가나|

[ba]
ば
ば

|가타카나|

[ba]
バ
バ

[bi]
び
び

[bi]
ビ
ビ

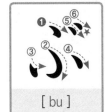
[bu]
ぶ
ぶ

[bu]
ブ
ブ

[be]
べ
べ

[be]
べ
べ

[bo]
ぼ
ぼ

[bo]
ボ
ボ

반탁음

ぱ행

33쪽
TRACK
15

|히라가나|

ぱ
ぱ
[pa]

|가타카나|

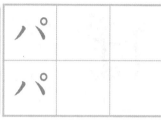

パ
パ
[pa]

ぴ
ぴ
[pi]

ピ
ピ
[pi]

ぷ
ぷ
[pu]

プ
プ
[pu]

ぺ
ぺ
[pe]

ぺ
ぺ
[pe]

ぽ
ぽ
[po]

ポ
ポ
[po]

요음

きゃ행

|히라가나|

きゃ [kya]			きゅ [kyu]			きょ [kyo]		
きゃ			きゅ			きょ		

|가타카나|

キャ [kya]			キュ [kyu]			キョ [kyo]		
キャ			キュ			キョ		

ぎゃ행

|히라가나|

ぎゃ [gya]			ぎゅ [gyu]			ぎょ [gyo]		
ぎゃ			ぎゅ			ぎょ		

|가타카나|

ギャ [gya]			ギュ [gyu]			ギョ [gyo]		
ギャ			ギュ			ギョ		

34쪽
TRACK
18

しゃ행

|히라가나|

しゃ [sha]			しゅ [shu]			しょ [sho]		
しゃ			しゅ			しょ		

|가타카나|

シャ [sha]			シュ [shu]			ショ [sho]		
シャ			シュ			ショ		

34쪽
TRACK
19

じゃ행

|히라가나|

じゃ [ja]			じゅ [ju]			じょ [jo]		
じゃ			じゅ			じょ		

|가타카나|

ジャ [ja]			ジュ [ju]			ジョ [jo]		
ジャ			ジュ			ジョ		

ちゃ행

34쪽
TRACK
20

|히라가나|

ちゃ [cha]			ちゅ [chu]			ちょ [cho]		
ちゃ			ちゅ			ちょ		

|가타카나|

チャ [cha]			チュ [chu]			チョ [cho]		
チャ			チュ			チョ		

にゃ행

34쪽
TRACK
21

|히라가나|

にゃ [nya]			にゅ [nyu]			にょ [nyo]		
にゃ			にゅ			にょ		

|가타카나|

ニャ [nya]			ニュ [nyu]			ニョ [nyo]		
ニャ			ニュ			ニョ		

34쪽
TRACK 22

ひゃ행

|히라가나|

ひゃ [hya]			ひゅ [hyu]			ひょ [hyo]		
ひゃ			ひゅ			ひょ		

|가타카나|

ヒャ [hya]			ヒュ [hyu]			ヒョ [hyo]		
ヒャ			ヒュ			ヒョ		

びゃ행

34쪽
TRACK 23

|히라가나|

びゃ [bya]			びゅ [byu]			びょ [byo]		
びゃ			びゅ			びょ		

|가타카나|

ビャ [bya]			ビュ [byu]			ビョ [byo]		
ビャ			ビュ			ビョ		

ぴゃ행

35쪽
TRACK
24

|히라가나|

ぴゃ [pya]			ぴゅ [pyu]			ぴょ [pyo]		
ぴゃ			ぴゅ			ぴょ		

|가타카나|

ピャ [pya]			ピュ [pyu]			ピョ [pyo]		
ピャ			ピュ			ピョ		

みゃ행

35쪽
TRACK
25

|히라가나|

みゃ [mya]			みゅ [myu]			みょ [myo]		
みゃ			みゅ			みょ		

|가타카나|

ミャ [mya]			ミュ [myu]			ミョ [myo]		
ミャ			ミュ			ミョ		

35쪽

TRACK
26

りゃ행

|히라가나|

りゃ [rya]			りゅ [ryu]			りょ [ryo]		
りゃ			りゅ			りょ		

|가타카나|

リャ [rya]			リュ [ryu]			リョ [ryo]		
リャ			リュ			リョ		

 잠깐! TIP

히라가나, 가타카나 중 모양이 비슷한 글자!?

히라가나, 가타카나는 원래 한자에서 모양을 딴 문자입니다.
특히 히라가나 「へ, り」와 가타카나 「ヘ, リ」는 모양이 아주
비슷합니다. 이것은 같은 한자 「利, 部」에서 만들어졌기
때문입니다.

맛있는 일본어

워크북

본과

·3~12과·

Level ①

はじめまして。イ・スンジュンです。

い　すんじゅん

처음 뵙겠습니다. 이승준입니다.

48쪽
TRACK
27

★ 다음 일본어 문장을 듣고 따라 읽어 보세요.

---

1 🎤 ▢▢▢

a はじめまして。わたしは キム・セヨンです。

きむ　せよん

b わたしは 青山です。どうぞ よろしく おねがいします。

あおやま

---

2 🎤 ▢▢▢

a キムさんは 学生ですか。

きむ　　　がくせい

→ はい、わたしは 学生です。

がくせい

→ いいえ、わたしは 学生じゃ ありません。会社員です。

がくせい　　　　　　　かいしゃいん

---

3 🎤 ▢▢▢

a 専攻は 心理学ですか。

せんこう　しんりがく

→ はい、心理学です。

しんりがく

→ いいえ、心理学じゃ ありません。日本語です。

しんりがく　　　　　　にほんご

맛있는 문장 연습 ②

48쪽
TRACK
27

✱ 다음 한국어 문장을 일본어로 말해 보세요.

---

1 🎤 ▪▪▪

a 처음 뵙겠습니다. 저는 김세영입니다.

b 저는 아오야마입니다. 잘 부탁합니다.

---

2 🎤 ▪▪▪

a 김 씨는 학생입니까?

→ 네, 저는 학생입니다.

→ 아니요, 저는 학생이 아닙니다. 회사원입니다.

---

3 🎤 ▪▪▪

a 전공은 심리학입니까?

→ 네, 심리학입니다.

→ 아니요, 심리학이 아닙니다. 일본어입니다.

★ 다음 한국어 문장을 일본어로 써 보세요.

|Hint|

- 처음 뵙겠습니다
  はじめまして
- 저 わたし
- ~은/는 ~は
- 한국인 韓国人
- ~입니다 ~です

- 잘 부탁합니다 (첫인사 표현)
  どうぞ よろしく おねがいします
- 네 はい
- 회사원 会社員
- ~씨 ~さん
- 학생 学生

- 아니요 いいえ
- 군인 軍人
- ~이/가 아닙니다
  ~じゃ ありません

1 처음 뵙겠습니다.

_____

2 저는 한국인입니다.

_____

3 잘 부탁합니다. (첫인사 표현)

_____

4 네, 저는 회사원입니다.

_____

5 김(キム) 씨는 학생입니까?

_____

6 아니요, 저는 군인이 아닙니다. 학생입니다.

_____

|Hint|

- ~씨 ~さん
- ~은/는 ~は
- 일본인 日本人（にほんじん）
- ~(이)고 ~で
- 회사원 会社員（かいしゃいん）
- ~입니다 ~です

- 저 わたし
- 디자이너 デザイナー（でざいな）
- ~이/가 아닙니다
  ~じゃ ありません
- 의사 医者（いしゃ）
- 전공 専攻（せんこう）

- 심리학 心理学（しんりがく）
- 네 はい
- 아니요 いいえ
- 중국인 中国人（ちゅうごくじん）
- 가수 歌手（かしゅ）

7 아오야마(青山（あおやま）) 씨는 일본인이고, 회사원입니다.

_____

8 저는 디자이너가 아닙니다. 의사입니다.

_____

9 전공은 심리학입니까?

_____

10 네, 심리학입니다. / 아니요, 심리학이 아닙니다.

_____

11 저는 중국인이 아닙니다. 일본인입니다.

_____

12 저는 다나카(田中（たなか）)입니다. 가수입니다.

_____

정답 본책 권말 부록 185쪽

これは 東京の おみやげです。

이것은 도쿄 여행 선물입니다.

맛있는 문장 연습 ①

60쪽
TRACK 28

★ 다음 일본어 문장을 듣고 따라 읽어 보세요.

1 🎤 ■ ■ ■

a これは 何ですか。

　→ それは 時計です。

b それは 何ですか。

　→ これは ノートです。

2 🎤 ■ ■ ■

a これは ケンさんの 電話です。

b それは 日本の おみやげです。

c あれは わたしの 時計です。

3 🎤 ■ ■ ■

a この かばんは 先生のです。

b それも 佐藤さんのですか。

c その ペンは 日本のじゃ ありません。

60쪽
TRACK
28

★ 다음 한국어 문장을 일본어로 말해 보세요.

1 🎤 ▢▢▢

   a 이것은 무엇입니까?

     → 그것은 시계입니다.

   b 그것은 무엇입니까?

     → 이것은 노트입니다.

2 🎤 ▢▢▢

   a 이것은 켄 씨의 전화입니다.

   b 그것은 일본 여행 선물입니다.

   c 저것은 저의 시계입니다.

3 🎤 ▢▢▢

   a 이 가방은 선생님의 것입니다.

   b 그것도 사토 씨의 것입니까?

   c 그 펜은 일본 것이 아닙니다.

★ 다음 한국어 문장을 일본어로 써 보세요.

|Hint|

- 그것 それ
- ~은/는 ~は
- 무엇입니까?
  何_{なん}ですか
- 이것 これ

- 여행 선물 おみやげ
- 저것 あれ
- 신문 新聞_{しんぶん}
- 저의 わたしの
- ~의 것 ~の

- 카메라 カメラ_{か め ら}
- ~도 ~も
- ~이/가 아닙니다
  ~じゃ ありません

1   그것은 무엇입니까?

_____

2   이것은 여행 선물입니다.

_____

3   저것은 무엇입니까?

_____

4   저것은 신문입니다.

_____

5   저것은 저의 카메라입니다.

_____

6   이것도 저의 것이 아닙니다.

_____

|Hint|

- 이 この
- 가방 かばん
- ~은/는 ~は
- 누구 だれ
- ~의 것 ~の
- 그 その

- 선생님 先生(せんせい)
- 그것 それ
- ~도 ~も
- 독일 ドイツ(どいつ)
- 저 あの
- 시계 時計(とけい)

- 프랑스 フランス(ふらんす)
- ~이/가 아닙니다
  ~じゃ ありません
- 이 この
- 노트 ノート(のーと)
- 지도 地図(ちず)

7 이 가방은 누구(의) 것입니까?

_____

8 그 가방은 선생님(의) 것입니다.

_____

9 그것도 독일(의) 것입니다.

_____

10 저 시계는 프랑스(의) 것이 아닙니다.

_____

11 이 노드는 사토(佐藤(さとう)) 씨(의) 것입니다.

_____

12 이것은 누구(의) 지도입니까?

_____

정답 본책 권말 부록 185~186쪽

05 たこやきと やきそばを ください。

다코야키와 야키소바를 주세요.

맛있는 문장 연습 ①

날짜: /

72쪽
TRACK
29

★ 다음 일본어 문장을 듣고 따라 읽어 보세요.

1 🎤 ▢▢▢

a たこやきと やきそばを ください。

b コーヒーと ケーキを ください。

c ハンバーガーと ジュースを ください。

2 🎤 ▢▢▢

a コーヒー ふたつと ケーキ ひとつですね。

しょうしょう おまちください。

b カレー ふたつと 牛丼 ひとつですね。

しょうしょう おまちください。

3 🎤 ▢▢▢

a それから、ジュースも ふたつ ください。

b それから、ハンバーガーも ひとつ ください。

c それから、ご飯も みっつ ください。

32

★ **다음 한국어 문장을 일본어로 말해 보세요.**

---

1 🎤 ☐ ☐ ☐

a 다코야키와 야키소바를 주세요.

b 커피와 케이크를 주세요.

c 햄버거와 주스를 주세요.

---

2 🎤 ☐ ☐ ☐

a 커피 두 개와 케이크 한 개요?

잠시만 기다려 주세요.

b 카레 두 개와 규동 한 개요?

잠시만 기다려 주세요.

---

3 🎤 ☐ ☐ ☐

a 그리고, 주스도 두 개 주세요.

b 그리고, 햄버거도 한 개 주세요.

c 그리고, 밥도 세 개 주세요.

맛있는 작문 연습

★ 다음 한국어 문장을 일본어로 써 보세요.

|Hint|

・야키소바 やきそば	・한 개 ひとつ	・규동 牛丼(ぎゅうどん)
・~와/과 ~と	・주스 ジュース	・잠시만 しょうしょう
・우동 うどん	・두 개 ふたつ	・기다려 주세요
・~을/를 ~を	・커피 コーヒー	おまちください
・주세요 ください	・저기요 あのー	・그리고 それから
・햄버거 ハンバーガー(はんばーがー)	・카레 カレー(かれー)	・~도 ~も

1 야키소바와 우동을 주세요.

_____

2 햄버거 한 개와 주스 한 개, 주세요.

_____

3 주스 두 개와 커피 한 개, 주세요.

_____

4 저기요, 카레 한 개와 규동 두 개, 주세요.

_____

5 잠시만 기다려 주세요.

_____

6 그리고, 커피도 한 개 주세요.

_____

|Hint|

- 세 개 みっつ
- ~와/과 ~と
- 콜라 コーラ
- 주세요 ください
- 추천 (요리) おすすめ
- ~은/는 ~は

- 규동 牛丼
- 세트 セット
- 돈가스 とんカツ
- 한 개 ひとつ
- 우동 うどん
- 두 개 ふたつ

- 저기요 あのー
- 인기 있는 ~ 人気の~
- 디저트 デザート
- 무엇입니까? 何ですか
- 초코 케이크 チョコケーキ
- 딸기 케이크 いちごケーキ

7 햄버거 세 개와 콜라 세 개, 주세요.

_____

8 추천 요리는 규동 세트입니다.

_____

9 돈가스 세트 한 개와 우동 세트 두 개, 주세요.

_____

10 저기요, 인기 있는 디저트는 무엇입니까?

_____

11 인기 있는 디저트는 초코 케이크입니다.

_____

12 딸기 케이크 두 개와 초코 케이크 두 개, 주세요.

_____

정답 본책 권말 부록 186쪽

06 温泉は どこに ありますか。

온천은 어디에 있습니까?

맛있는 문장 연습 ①

날짜: /

86쪽
TRACK
30

★ 다음 일본어 문장을 듣고 따라 읽어 보세요.

---

1 🎤 ■■■

a 公園は どこですか。

→ あそこです。

b ホテルは どちらですか。

→ こちらです。

---

2 🎤 ■■■

a 温泉は 何階に ありますか。

→ 1階に あります。

b 田中さんは どこに いますか。

→ 会社に います。

---

3 🎤 ■■■

a かばんの 中に カメラが あります。

b 本屋の となりに 交番が あります。

c トイレは エレベーターの 右に あります。

36

맛있는 문장 연습 ②

86쪽

TRACK
30

★ 다음 한국어 문장을 일본어로 말해 보세요.

---

1 🎤 ▪▪▪

a 공원은 어디입니까?

→ 저기입니다.

b 호텔은 어느 쪽입니까?

→ 이쪽입니다.

---

2 🎤 ▪▪▪

a 온천은 몇 층에 있습니까?

→ 1층에 있습니다.

b 다나카 씨는 어디에 있습니까?

→ 회사에 있습니다.

---

3 🎤 ▪▪▪

a 가방 안에 카메라가 있습니다.

b 서점 옆에 파출소가 있습니다.

c 화장실은 엘리베이터 오른쪽에 있습니다.

★ 다음 한국어 문장을 일본어로 써 보세요.

|Hint|

- 서점 本屋[ほんや]
- 어디 どこ
- (장소)에 ～に
- (사물, 식물, 장소) 있습니까?
  ありますか

- (사람, 생물) 있습니까?
  いますか
- 파출소 交番[こうばん]
- 이쪽 こちら
- 저기 あそこ

- 공원 公園[こうえん]
- ～이/가 ～が
- (사물, 식물, 장소) 있습니다
  あります
- 몇 층 何階[なんがい]
- ～층 ～階[かい]

1   서점은 어디에 있습니까?

_____

2   다나카(田中[たなか]) 씨는 어디에 있습니까?

_____

3   파출소는 이쪽입니다.

_____

4   저기에 공원이 있습니다.

_____

5   서점은 몇 층입니까?

_____

6   1층입니다.

_____

|Hint|

· 회사 会社<ruby>かいしゃ</ruby>	· ~이/가 ~が	· 오른쪽 右<ruby>みぎ</ruby>
· (장소)에 ~に	· (사물, 식물, 장소) 있습니다	· 파출소 交番<ruby>こうばん</ruby>
· (사람, 생물) 있습니다	あります	· 근처 そば
います	· 책상 机<ruby>つくえ</ruby>	· 온천 温泉<ruby>おんせん</ruby>
· 의자 いす	· 위 上<ruby>うえ</ruby>	· 백화점 デパート<ruby>で ぱ と</ruby>
· 밑 下<ruby>した</ruby>	· 책 本<ruby>ほん</ruby>	· 어느 쪽 どちら
· 가방 かばん	· 공원 公園<ruby>こうえん</ruby>	

7   사토(佐藤<ruby>さ とう</ruby>) 씨는 회사에 있습니다.

_____

8   의자 밑에 가방이 있습니다.

_____

9   책상 위에 책이 있습니다.

_____

10   공원 오른쪽에 파출소가 있습니다.

_____

11   공원 근처에 온천이 있습니다.

_____

12   백화점은 어느 쪽입니까?

_____

정답 **본책 권말 부록 186~187쪽**

朝食は 何時から 何時までですか。

조식은 몇 시부터 몇 시까지입니까?

맛있는 문장 연습 ①

★ 다음 일본어 문장을 듣고 따라 읽어 보세요.

---

1 🎤 ▪▪▪

a 食事は 何時からですか。

→ 午前 10時からです。

b レストランは 何時までですか。

→ 午後 9時 30分までです。

---

2 🎤 ▪▪▪

a 朝食は 何時から 何時までですか。

b 映画は 4時半から 7時までです。

c バイトは 2時から 6時までです。

---

3 🎤 ▪▪▪

a 7時に モーニングコールを おねがいします。

b 3時に ルームサービスを おねがいします。

c 4時に 予約を おねがいします。

맛있는 문장 연습 ②

날짜: /

98쪽

TRACK
31

★ 다음 한국어 문장을 일본어로 말해 보세요.

---

1 🎤 ▢▢▢

a 식사는 몇 시부터입니까?

→ 오전 10시부터입니다.

b 레스토랑은 몇 시까지입니까?

→ 오후 9시 30분까지입니다.

---

2 🎤 ▢▢▢

a 조식은 몇 시부터 몇 시까지입니까?

b 영화는 4시 반부터 7시까지입니다.

c 아르바이트는 2시부터 6시까지입니다.

---

3 🎤 ▢▢▢

a 7시에 모닝콜을 부탁힙니다.

b 3시에 룸서비스를 부탁합니다.

c 4시에 예약을 부탁합니다.

✶ 다음 한국어 문장을 일본어로 써 보세요.

|Hint|

- 몇 시 何時(なんじ)
- ~부터 ~から
- ~까지 ~まで
- 오전 午前(ごぜん)
- ~시 ~時(じ)
- 오후 午後(ごご)

- 아침 朝(あさ)
- (시간)에 ~に
- 모닝콜 モーニングコール(も にん ぐ こ る)
- ~을/를 ~を
- 부탁합니다 おねがいします

- 룸서비스 ルームサービス(る む さ び す)
- 디저트 デザート(で ざ と)
- 조식 朝食(ちょうしょく)

1 몇 시부터 몇 시까지입니까?

_____

2 오전 10시부터 오후 9시까지입니다.

_____

3 아침 7시에 모닝콜을 부탁합니다.

_____

4 룸서비스를 부탁합니다.

_____

5 디저트를 부탁합니다.

_____

6 조식은 몇 시부터입니까?

_____

|Hint|

- 점심시간 昼休み
- ~시 ~時
- ~분 ~分
- ~부터 ~から

- ~까지 ~まで
- 식사 食事
- 오후 午後
- 아르바이트 バイト
  (アルバイト의 줄임말)

- 수업 授業
- 요리 교실 料理教室
- 주문 注文

7 점심시간은 12시 30분부터 2시까지입니다.

_____

8 식사는 오후 6시부터 9시까지입니다.

_____

9 아르바이트는 12시부터 7시 30분까지입니다.

_____

10 수업은 4시부터 5시 20분까지입니다.

_____

11 요리 교실은 1시 30분부터 3시 30분까지입니다.

_____

12 주문은 10시부터입니다.

_____

정답 본책 권말 부록 187쪽

맛있는 문장 연습 ①

날짜: /

110쪽

TRACK 32

★ 다음 일본어 문장을 듣고 따라 읽어 보세요.

1

a すしセットは いくらですか。
せっと

→ 一人前、1,000円です。
いちにんまえ せん えん

b チケットは いくらですか。
ちけっと

→ 大人料金は 800円で、子供料金は 500円です。
おとな りょうきん はっぴゃく えん こどもりょうきん ごひゃく えん

2

a 100円のを ひとつ、90円のを ふたつ ください。
ひゃく えん きゅうじゅうえん

b 大人 2まいと 子供 3まい、おねがいします。
おとな に こども さん

3

a 合計 6,300円です。200円の おかえしです。
ごうけい ろくせん さんびゃくえん にひゃく えん

b 合計 1,300円です。700円の おかえしです。
ごうけい せん さんびゃくえん ななひゃく えん

맛있는 문장 연습 ②

110쪽
TRACK
32

★ 다음 한국어 문장을 일본어로 말해 보세요.

---

1 🎤 ▢ ▢ ▢

a 초밥 세트는 얼마입니까?

→ 1인분, 1,000엔입니다.

b 티켓은 얼마입니까?

→ 어른 요금은 800엔이고, 어린이 요금은 500엔입니다.

---

2 🎤 ▢ ▢ ▢

a 100엔짜리를 한 개, 90엔짜리를 두 개 주세요.

b 어른 두 장과 어린이 세 장, 부탁합니다.

---

3 🎤 ▢ ▢ ▢

a 다 합해서 6,300엔입니다. 200엔의 거스름돈입니다.

b 다 합해서 1,300엔입니다. 700엔의 거스름돈입니다.

★ 다음 한국어 문장을 일본어로 써 보세요.

|Hint|

· 이것 これ	· 두 개 ふたつ	· 부탁합니다 おねがいします
· ~은/는 ~は	· 주세요 ください	· 다 합해서 合計_{ごうけい}
· 한 개 ひとつ	· 어른 大人_{おとな}	· ~엔 ~円_{えん}
· 얼마입니까? いくらですか	· ~장 ~まい	· 사진 写真_{しゃしん}
· 주먹밥 おにぎり	· 어린이 子供_{こども}	

1   이것은 한 개, 얼마입니까?

_____

2   주먹밥 두 개 주세요.

_____

3   어른은 한 장, 얼마입니까?

_____

4   어른 두 장과 어린이 두 장, 부탁합니다.

_____

5   다 합해서 3,000엔입니다.

_____

6   사진은 한 장, 얼마입니까?

_____

|Hint|

- ~의　~の
- 거스름돈　おかえし
- 오므라이스　オムライス
- 야키소바　やきそば
- 주세요　ください
- 오코노미야키　お好みやき

- 여행　旅行(りょこう)
- 사진　写真(しゃしん)
- ~장　~まい
- 디저트 뷔페　デザート食べ放題(でざーと た ほうだい)

- 얼마입니까?　いくらですか
- 어른 요금　大人料金(おとな りょうきん)
- ~(이)고　~で
- 어린이 요금　子供料金(こどもりょうきん)

7 100엔의 거스름돈입니다.

_____

8 오므라이스 한 개, 야키소바 두 개 주세요.

_____

9 오코노미야키는 1,200엔입니다.

_____

10 여행(의) 사진은 세 장, 1,000엔입니다.

_____

11 니저트 뷔페는 얼마입니까?

_____

12 어른 요금은 4,000엔이고, 어린이 요금은 2,000엔입니다.

_____

정답 **본책 권말 부록 187~188쪽**

大宰府の 有名な おみやげです。
だ ざい ふ　　　　ゆうめい

다자이후의 유명한 여행 선물입니다.

맛있는 문장 연습 ①

날짜:　　　／

124쪽
TRACK
33

★ 다음 일본어 문장을 듣고 따라 읽어 보세요.

---

1 🎤 ▢▢▢

a 福岡は とんこつラーメンが とても 有名です。
　ふくおか　　　　ら　めん　　　　　　　ゆうめい

b 英語が あまり 上手じゃ ありません。
　えいご　　　　じょうず

---

2 🎤 ▢▢▢

a 好きな 歌手は だれですか。
　す　　　かしゅ

b きれいな 服ですね。
　　　　　ふく

---

3 🎤 ▢▢▢

a 日本語と 中国語、どちらが 簡単ですか。
　にほんご　ちゅうごくご　　　　　　かんたん

b 田中さんと 佐藤さん、どちらが まじめですか。
　たなか　　　さとう

---

4 🎤 ▢▢▢

a もちより ケーキの 方が 好きです。
　　　　け　き　　ほう　す

b お水より お茶の 方が 好きです。
　みず　　　ちゃ　ほう　す

날짜: /

124쪽
TRACK
33

★ 다음 한국어 문장을 일본어로 말해 보세요.

1 🎤 ☐ ☐ ☐

a 후쿠오카는 돈코츠라면이 아주 유명합니다.

b 영어를 별로 잘하지 못합니다.

2 🎤 ☐ ☐ ☐

a 좋아하는 가수는 누구입니까?

b 예쁜 옷이네요.

3 🎤 ☐ ☐ ☐

a 일본어와 중국어, 어느 쪽이 간단합니까?

b 다나카 씨와 사토 씨, 어느 쪽이 성실합니까?

4 🎤 ☐ ☐ ☐

a 떡보다 케이크 쪽을 좋아합니다.

b 물보다 차 쪽을 좋아합니다.

★ 다음 한국어 문장을 일본어로 써 보세요.

|Hint|

- 일본어 日本語
- 버스 バス
- 아주 とても
- ~와/과 ～と
- 택시 タクシー
- 간단하다 [な형] 簡単だ
- 중국어 中国語
- 편리하다 [な형] 便利だ
- 성실하다 [な형] まじめだ
- 어느 쪽 どちら
- 가수 歌手
- 비행기 飛行機
- ~을/를 좋아하다 [な형] ～が 好きだ
- 누구 だれ
- ~쪽 ～の 方
- 문제 問題

1 일본어와 중국어, 어느 쪽을 좋아합니까?

_____

2 버스와 택시, 어느 쪽이 편리합니까?

_____

3 좋아하는 가수는 누구입니까?

_____

4 이 문제는 아주 간단합니다.

_____

5 아오키(青木) 씨는 성실한 학생입니다.

_____

6 비행기 쪽이 편리합니다.

_____

|Hint|

- 교통 交通
- 별로 あまり
- 편리하다 [な형] 便利だ
- 영어 英語
- ~을/를 잘하다
  [な형] ~が 上手だ

- 공항 空港
- 번화하다 [な형] にぎやかだ
- 커피 コーヒー
- ~보다 ~より
- 차 お茶
- ~쪽 ~の 方

- ~을/를 좋아하다
  [な형] ~が 好きだ
- 태국 요리 タイ 料理
- 프랑스 요리 フランス 料理
- 어느 쪽 どちら

7 교통은 별로 편리하지 않습니다.

_____

8 영어를 별로 잘하지 않습니다.

_____

9 그 공항은 번화합니까?

_____

10 아니요, 별로 번화하지 않습니다.

_____

11 커피보다 차 쪽을 좋아합니다.

_____

12 태국 요리와 프랑스 요리, 어느 쪽을 좋아합니까?

_____

정답 본책 권말 부록 188쪽

10 チャーシューが 多いです。
차슈가 많습니다.

138쪽
TRACK
34

★ 다음 일본어 문장을 듣고 따라 읽어 보세요.

---

1 🎤 ▪▪▪

a この 料理は とても おいしいです。

b 日本旅行は とても 楽しいです。

---

2 🎤 ▪▪▪

a この 映画は あまり おもしろく ありません。

b この ホテルの 部屋は よく ありません。

---

3 🎤 ▪▪▪

a おいしい ラーメンが とても 好きです。

b とても 広い 部屋ですね。

---

4 🎤 ▪▪▪

a どんな カメラが ほしいですか。

→ 高い カメラが ほしいです。

맛있는 문장 연습 ②

138쪽
TRACK
34

★ 다음 한국어 문장을 일본어로 말해 보세요.

---

1 🎤 ☐ ☐ ☐

　a 이 요리는 아주 맛있습니다.

　b 일본 여행은 아주 즐겁습니다.

---

2 🎤 ☐ ☐ ☐

　a 이 영화는 별로 재미있지 않습니다.

　b 이 호텔 방은 좋지 않습니다.

---

3 🎤 ☐ ☐ ☐

　a 맛있는 라면을 아주 좋아합니다.

　b 아주 넓은 방이네요.

---

4 🎤 ☐ ☐ ☐

　a 어떤 카메라를 갖고 싶습니까?

　　→ 비싼 카메라를 갖고 싶습니다.

맛있는 작문 연습

★ 다음 한국어 문장을 일본어로 써 보세요.

|Hint|

- 한국 요리 韓国料理 (かんこくりょうり)
- 어떻습니까? どうですか
- 여행 旅行 (りょこう)
- 아주 とても
- 즐겁다 い형 楽しい (たの)
- 영화 映画 (えいが)

- 별로 あまり
- 재미있다 い형 おもしろい
- 저 わたし
- 부엌 台所 (だいどころ)
- 넓다 い형 広い (ひろ)
- 집 家 (いえ)

- ~을/를 좋아하다
  な형 ~が 好きだ (す)
- 크다 い형 大きい (おお)
- 가방 かばん
- ~을/를 갖고 싶다
  い형 ~が ほしい

1 한국 요리는 어떻습니까?

_____

2 여행은 어떻습니까?

_____

3 아주 즐겁습니다.

_____

4 이 영화는 별로 재미없습니다(= 재미있지 않습니다).

_____

5 저는 부엌이 넓은 집을 좋아합니다.

_____

6 저는 큰 가방을 갖고 싶습니다.

_____

|Hint|

- 정원 庭^{にわ}
- ~이/가 ~が
- 넓다 [い형]広^{ひろ}い
- 집 家^{いえ}
- ~을/를 갖고 싶다
  [い형]~が ほしい
- 이 この
- 맨션 マンション^{まんしょん}
- ~은/는 ~は
- 별로 あまり
- 어느 쪽 どちら
- 비싸다 [い형]高^{たか}い
- ~의 ~の
- 아주 とても
- 크다 [い형]大^{おお}きい
- 가구 家具^{かぐ}
- 많다 [い형]多^{おお}い
- 상냥하다 [い형]やさしい

7 정원이 넓은 집을 갖고 싶습니다.

_____

8 이 맨션은 별로 넓지 않습니다.

_____

9 어느 쪽이 비쌉니까?

_____

10 김(キム) 씨의 집은 아주 큽니다.

_____

11 이 집은 가구가 별로 많지 않습니다.

_____

12 야마다(山田) 씨는 아주 상냥합니다.

_____

정답 본책 권말 부록 188~189쪽

11 フリーパスが 安くて 便利ですよ。

프리패스가 싸고 편리합니다.

맛있는 문장 연습 ①

152쪽
TRACK 35

날짜: /

★ 다음 일본어 문장을 듣고 따라 읽어 보세요.

---

1 🎤 ▢▢▢

a また 明日。

b 今日は 何月 何日 何曜日ですか。
→ 5月 1日 月曜日です。

---

2 🎤 ▢▢▢

a お誕生日は いつですか。

b 出張は いつから いつまでですか。

---

3 🎤 ▢▢▢

a とても きれいで 静かですね。

b その ティーシャツが 一番 安くて かわいいです。

c ここは 部屋が よくて 人気です。

맛있는 문장 연습 ②

날짜: /

152쪽
TRACK 35

★ 다음 한국어 문장을 일본어로 말해 보세요.

---

1 🎤 ▢▢▢

  a 내일 또 (만나요).

  b 오늘은 몇 월 며칠 무슨 요일입니까?

   → 5월 1일 월요일입니다.

---

2 🎤 ▢▢▢

  a 생일이 언제입니까?

  b 출장은 언제부터 언제까지입니까?

---

3 🎤 ▢▢▢

  a 아주 예쁘고(깨끗하고) 조용하네요.

  b 그 티셔츠가 가장 싸고 귀엽습니다.

  c 여기는 방이 좋아서 인기입니다.

맛있는 작문 연습

★ **다음 한국어 문장을 일본어로 써 보세요.**

|Hint|

・오늘　今日^{きょう}	・~일　~日^{にち}	・토요일　土曜日^{どようび}
・~은/는　~は	・내일　明日^{あした}	・~까지　~まで
・몇 월　何月^{なんがつ}	・무슨 요일　何曜日^{なんようび}	・이것　これ
・며칠　何日^{なんにち}	・금요일　金曜日^{きんようび}	・싸다 い형 安^{やす}い
・~월　~月^{がつ}	・온천 여행　温泉旅行^{おんせんりょこう}	・귀엽다 い형 かわいい

1 오늘은 몇 월 며칠입니까?

_____

2 오늘은 4월 5일입니다.

_____

3 내일은 무슨 요일입니까?

_____

4 내일은 금요일입니다.

_____

5 온천 여행은 토요일까지입니다.

_____

6 이것은 싸고 귀엽습니다.

_____

|Hint|

• 날씨 天気(てんき)	• 맛있다 [い형] おいしい	• 카메라 カメラ(かめら)
• 좋다 [い형] いい	• 출장 出張(しゅっちょう)	• 작다 [い형] 小(ちい)さい
• 경치 けしき	• 언제 いつ	• 편리하다 [な형] 便利(べんり)だ
• 예쁘다 [な형] きれいだ	• ~까지 ~まで	• 토요일 土曜日(どようび)
• ~네요 ~ですね	• 저의 わたしの	• 오전 午前(ごぜん)
• 온천 달걀 温泉卵(おんせんたまご)	• 생일 誕生日(たんじょうび)	• 출발 出発(しゅっぱつ)

7 날씨가 좋고 경치도 예쁘네요.

_____

8 경치도 좋고 온천 달걀도 맛있습니다.

_____

9 출장은 언제까지입니까?

_____

10 저의 생일은 12월 25일입니다.

_____

11 이 카메라는 작고 편리합니다.

_____

12 토요일은 오전 10시 출발입니다.

_____

わたしは 長崎ちゃんぽんに します。

저는 나가사키짬뽕으로 하겠습니다.

맛있는 문장 연습 ①

날짜: /

166쪽

TRACK
36

★ 다음 일본어 문장을 듣고 따라 읽어 보세요.

1 🎤 ▯▯▯

a あの 店に よく 行きますか。

→ はい、行きます。/ いいえ、行きません。

b いつも 朝ご飯を 食べますか。

→ はい、食べます。/ いいえ、食べません。

2 🎤 ▯▯▯

a デパートで 何を 買いますか。

b 明日は 何を しますか。

3 🎤 ▯▯▯

a わたしは ちゃんぽんに します。

b おみやげは この かばんに します。

c わたしは この 服に します。

★ 다음 한국어 문장을 일본어로 말해 보세요.

---

1 🎤 ▢▢▢

a 저 가게에 자주 갑니까?

→ 네, 갑니다. / 아니요, 가지 않습니다.

b 항상 아침을 먹습니까?

→ 네, 먹습니다. / 아니요, 먹지 않습니다.

---

2 🎤 ▢▢▢

a 백화점에서 무엇을 삽니까?

b 내일은 무엇을 합니까?

---

3 🎤 ▢▢▢

a 저는 짬뽕으로 하겠습니다.

b 여행 선물은 이 가방으로 하겠습니다.

c 저는 이 옷으로 하겠습니다.

맛있는 작문 연습

★ 다음 한국어 문장을 일본어로 써 보세요.

|Hint|

- 오늘 今日
- ~은/는 ~は
- 무엇 何
- ~을/를 ~を
- 하다 [통3] する
- 친구 友だち

- ~을/를 만나다 [통1] ~に 会う
- 내일 明日
- 백화점 デパート
- (장소)에서 ~で
- 쇼핑하다 [통3] 買い物する

- 학교 学校
- 공부 勉強
- 계산 会計
- 현금 現金
- ~로 하다 [통3] ~にする
- 카드 カード

1 오늘은 무엇을 합니까?

_____

2 오늘은 친구를 만나지 않습니다.

_____

3 내일은 무엇을 합니까?

_____

4 백화점에서 쇼핑합니다.

_____

5 학교에서 공부를 합니다.

_____

6 계산은 현금으로 합니까? 카드로 합니까?

_____

|Hint|

- 커피 コーヒー
- ~을/를 ～を
- 마시다 [동1] 飲む
- 차 お茶
- (시간)에 ～に
- 친구 友だち

- 영화 映画
- 보다 [동2] 見る
- 집 家
- (방향)에 ～に
- 돌아오다 [동1] 帰る
- ~부터 ～から

- ~까지 ～まで
- 놀다 [동1] 遊ぶ
- 방 部屋
- (장소)에서 ～で
- 책 本
- 읽다 [동1] 読む

7 저는 커피를 마시지 않습니다.

_____

8 저는 차를 마십니다.

_____

9 1시에 친구와 영화를 봅니다.

_____

10 저는 10시에 집에 돌아옵니다.

_____

11 3시부터 5시까지 친구와 놉니다.

_____

12 방에서 책을 읽습니다.

_____

정답 본책 권말 부록 190쪽